MAP

付録 街歩き地図

鎌倉

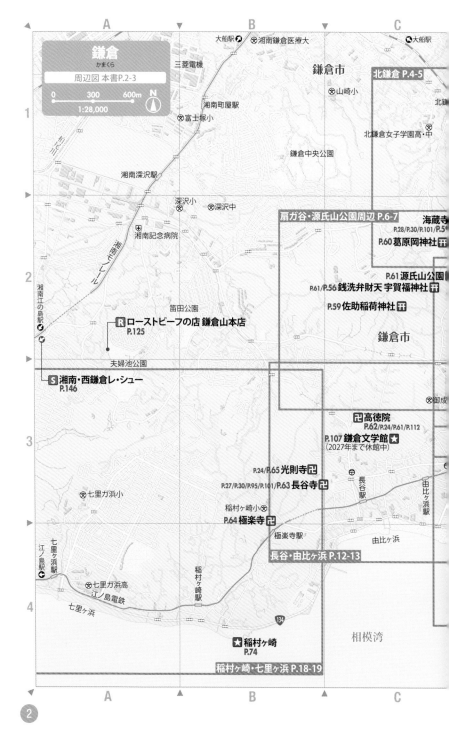

鎌倉
かまくら
周辺図 本書P.2-3
0　300　600m
1:28,000
N

大船駅　⊗湘南鎌倉医療大
鎌倉市
⊗大船駅
三菱電機
北鎌倉 P.4-5
北鎌
⊗山崎小
湘南町屋駅
⊗富士塚小
北鎌倉女子学園高・中　⊗
鎌倉中央公園
湘南深沢駅
深沢小 ⊗　⊗深沢中
扇ガ谷・源氏山公園周辺 P.6-7　海蔵寺
P.28/P.30/P.101/P.5
P.60 葛原岡神社 ⛩
⊕
湘南記念病院
P.61 源氏山公園
P.61/P.56 銭洗弁財天 宇賀福神社 ⛩
笛田公園
R ローストビーフの店 鎌倉山本店
P.125
P.59 佐助稲荷神社 ⛩
鎌倉市
湘南江の島駅

夫婦池公園
S 湘南・西鎌倉レ・シュー
P.146
⊗御成
卍 高徳院
P.62/P.24/P.61/P.112
P.107 鎌倉文学館 ★
(2027年まで休館中)
P.24/P.65 光則寺 卍
⊗七里ガ浜小
P.27/P.30/P.95/P.101/P.63 長谷寺 卍
長谷駅
由比ヶ浜駅
稲村ヶ崎小 ⊗
P.64 極楽寺 卍
由比ヶ浜
極楽寺駅
長谷・由比ヶ浜 P.12-13
七里ヶ浜駅
江ノ島駅
⊗七里ガ浜高
江ノ島電鉄
稲村ヶ崎駅
七里ヶ浜
134
相模湾
★ 稲村ヶ崎
P.74
稲村ヶ崎・七里ヶ浜 P.18-19

A　B　C

2

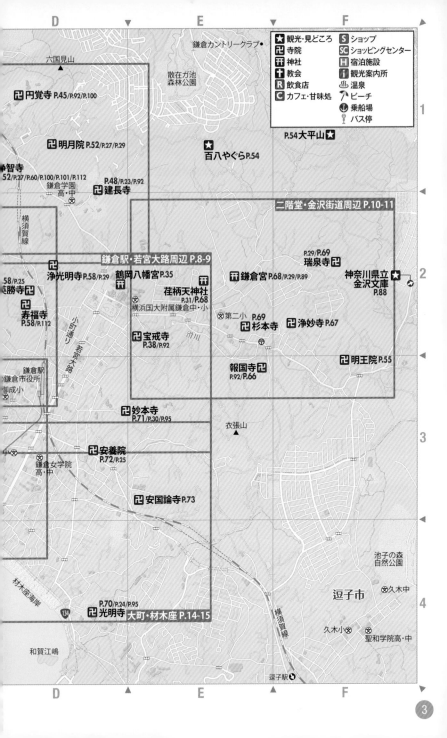

卍 円覚寺 P.45/P.92/P.100

卍 明月院 P.52/P.27/P.29

浄智寺
52/P.27/P.60/P.100/P.101/P.112
鎌倉学園
高・中

P.48/P.23/P.92
卍 建長寺

横須賀線

二階堂・金沢街道周辺 P.10-11

P.54 大平山 ★

★ 百八やぐら P.54

鎌倉駅・若宮大路周辺 P.8-9

卍 浄光明寺 P.58/P.29
鶴岡八幡宮 P.35

田 鎌倉宮 P.68/P.29/P.89

P.29/P.69
瑞泉寺 卍

神奈川県立 ★
金沢文庫
P.88

58/P.25
勝寺 卍

卍 寿福寺
P.58/P.112

荏柄天神社
P.31/P.68
横浜国大附属鎌倉中・小

第二小 P.69
卍 杉本寺

浄妙寺 P.67

卍 宝戒寺
P.38/P.92

卍 明王院 P.55

報国寺 卍
P.92/P.66

鎌倉市役所
御成小

小町通り

若宮大路

卍 妙本寺
P.71/P.30/P.95

衣張山

卍 安養院
P.72/P.25

鎌倉女学院
高・中

卍 安国論寺 P.73

池子の森
自然公園

逗子市

久木中

久木小
聖和学院高・中

P.70/P.24/P.95
卍 光明寺
大町・材木座 P.14-15

村木座海岸

和賀江嶋

横須賀線

逗子駅

六国見山

鎌倉カントリークラブ

散在ガ池
森林公園

★ 観光・見どころ   S ショップ
卍 寺院   SC ショッピングセンター
田 神社   H 宿泊施設
十 教会   i 観光案内所
R 飲食店   温泉
C カフェ・甘味処   ビーチ
              乗船場
              バス停

D   E   F

北鎌倉
きたかまくら

周辺図 P.2-3

0 100 200m
1:8,500 N

光照寺 卍

P.123 航北鎌倉 R

台

卍 稲荷神社

八雲神社 卍

鎌倉街道
郵便局 ⊤
宮の台橋
北鎌倉女子学園前

十王堂橋

P.148 北鎌倉 松花堂 S

北鎌倉女子学園高・中 ⊗

小袋谷川

御菓子司 こまき P.53
北鎌倉 円 P.115

仏

山門

総門

卍 帰源

P.102
★北鎌倉古
ミュージア

P.131 狸穴Cafe C

北鎌倉 白鷺池

松ヶ岡文庫

東慶寺 卍

明月院

甘露の井

鎌倉市

浄智寺 卍
P.27/P.60/P.100/P.101/P.112/P.52

山ノ

山崎

山ノ内配水池

梶原(3)

S字坂下

P.121
ビストロ ラ・ペクニコヴァ R

源氏山入口

★ たからの窯 P.97

P.60 天柱峰碑 ★

P.60 葛原岡神社 ⊤

日野俊基
朝臣の墓

卍 海蔵寺 P.59/P.28/P.30/P.101

梶原(5)

扇ガ谷(4)

P.7/P.8

4

D

E

F

大船　　　六国見山　　　今泉台(1)

今泉台(3)

かえで通り

舎利殿

卍正続院　　卍黄梅院

●塔頭 仏日庵

吉が沢公園

北鎌倉台　　北鎌倉台商店街

町内会館●

今泉台(4)

1

円覚寺 P.45/P.92/P.100

覚寺庭園

●鎌倉明月窯

明月川

★北鎌倉 葉祥明美術館
P.102

●明月院やぐら

卍
明月院
P.52/P.27/P.29

明月院通り

勝上山

P.54 勝上嶽展望台 ★

P.54 建長寺 半僧坊 卍

2

●河村瑞賢墓

21

上町

天源院 卍

龍峰院 卍

卍 正続院

回春院 卍

大覚池

P.133

⊂ 三日月堂 花仙

宝珠院 卍

卍 建長寺
P.48/P.23/P.92

3

P.53 長壽寺 卍

建長寺

⊗鎌倉学園高・中

●法堂

仏殿●

三門●

卍 妙高院　●西来庵

●

ヶ谷坂切通し●

卍 禅居院

P.10 ▶

円応寺 卍
P.100/P.53

巨福呂坂洞門

西御門(1)

第二中 ⊗

4

卍 薬王寺
P.59/P.101

扇ガ谷(3)

鎌倉街道

Ħ 新宮神社

巨福呂坂切通し

雪ノ下(2)

近代美術館別館●

P.9

妙伝寺 卍　　扇ガ谷(2)

●鶴岡文庫

D

E

F

扇ガ谷・源氏山公園周辺

おうぎがやつ・げんじやまこうえんしゅうへん

周辺図 P.2-3

0　100　200m
1:8,500
N

1

東梶原

かまくら消化器病 ⊕
クリニック

🚏 S字坂下

🚏 源氏山入口

🚏 桔梗山

梶原(5)

2

● 大久保公園

鎌倉市

P.59 佐助稲荷神社 ⛩

常盤

3

常盤の家 ●
🚏 仲ノ坂

仲ノ坂
🚏

R ミッシェルナカジマ
P.120

殿入川

kamakura 24sekki C
P.61

● 北条氏常盤亭跡
市役所通り

🚏 一向堂

長谷トンネル

一向堂

長谷大谷戸

🚏 長谷大谷戸

新佐助ト

住友常盤住宅

浅間神社
⛩

藤沢鎌倉線
🚏 打越

一向堂公園

長谷(5)

4

● 大仏切通し

大仏トンネル
大仏坂

長谷(4)

笛田(6)

長谷配水池 ●

P.12

R ビストロ ラ・ペクニコヴァ P.121

★ 天柱峰碑 P.60

扇ヶ谷トンネル

亀ヶ谷坂切通し

亀ヶ谷坂公園

P.60 葛原岡神社 ⛩

卍 海蔵寺 P.59/P.28/P.30/P.101

P.59/P.101
卍 薬王寺 扇ガ谷(3)

1

日野俊基
朝臣の墓

扇ガ谷(4)

景清の土牢・

鎌倉山荘・

横須賀線

浄光明寺 卍 P.29/P.58

伝व仏尼墓・

護国寺 卍

P.61/P.56
銭洗弁財天
宇賀福神社 ⛩

・化粧坂切通し

★ 源氏山公園 P.61

P.25/P.58 英勝寺 卍

2

▲
源氏山

・源実朝・
北条政子墓

P.58/P.112
卍 寿福寺

岩窟不動 卍

佐助(2)

S HAND & SOUL P.143

八坂神社 ⛩

扇ガ谷(1)

P.8

くずきりみのわ C
P.133

S もやい工藝 P.144

鎌倉歴史文化交流館・

川野邊歯科 ⊕

巽神社 ⛩

3

佐助トンネル

P.105/P.124 古我邸 R

P.147 レ・ザンジュ鎌倉本店 S

佐助(1)

栄光教会 †

佐助1

法務局前

P.57 TUZURU S

C 甘味処 こまめ P.132

P.142 異文化の風 さかゑ S

諏訪神社 ⛩

鎌倉駅

鎌倉税務署 P

恩寵教会 †

市役所通り

商工会議所

P.105 ホテルニューカマクラ ★

P.126
朝食屋
COBAKABA

鎌倉児童ホーム・

御成トンネル

紀 ⊗ 国宝 S

市役所前

P.154レンタサイクル
鎌倉駅前店 R

P.129 HAPPY DELI Kamakura R

鎌倉市役所 ◎

みずほ

湘南信金 ⊗

駅西口

駅

4

P.96 鎌倉彫教室 鎌陽洞 ★

P.57 GELATERIA SANTi S

S ことのいち

P.57 鎌倉くらん S

鎌倉 S

P.105 旧安保小児科医院 ★

御成小 ⊗

ふれあい鎌倉
ホスピタル ⊕

S 東急ストア

御成中 ⊗

御成小前

江ノ電 鎌倉駅

P.143 フニクラ S

21

P.13/P.14

D E F

7

鎌倉駅・若宮大路周辺

かまくらえき・わかみやおおじしゅうへん

周辺図 P.2-3

0 100 200m
1:8,500
N

景清の土牢● P.4

妙伝寺 卍

鎌倉山荘● 卍 浄光明寺 P.58/P.29

伝阿仏尼墓●

★ 源氏山公園 P.61

源氏山 ▲

P.25/P.58 英勝寺 卍

卍 護国寺

P.112

鎌倉市川喜多映画記念館 ★

佐助(2) S HAND & SOUL P.143

源実朝・ 北条政子墓● 卍 寿福寺 P.58/P.112 岩窟不動 卍

P.7

八坂神社 ⛩

扇ガ谷(1)

P.103 鎌倉市鏑木清方記念美術館 ★

C RU KA P.3

聖ミカエル教会 †

鎌倉歴史文化交流館●

C くずきりみのわ P.133

⛩ 甕神社

P.103 鎌倉・ 吉兆庵美術館

S もやい工藝 P.144

佐助(1)

P.105/P.124 古我邸 R

P.147 レ・ザンジュ鎌倉本店 S

C 豊島屋東 八十小路 P.150

栄光教会 †

P.57 TUZURU S

珈琲卿 身似虚無

C P.131

鎌倉歴 資料館 P.9

C 甘味処 こまめ P.132

P.105 ホテルニューカマクラ ★

異文化の風 さかゑ S P.142

法務局前

佐助1

鎌倉 税務署

恩寵教会 † 市役所通り

諏訪神社 ⛩

商工会議所

S 紀ノ国屋

豊島屋 本店 S P.150

P.150

江ノ電・鎌倉駅

二ノ鳥居前 ⛩ 雪教

恩寵教会 †

鎌倉児童ホーム

御成トンネル 鎌倉市役所

市役所前 ⊜

市役所前

鎌倉駅

CIAL 鎌倉

三菱UFJ

駅入口

二ノ

P.3 卍大

⊗御成中

P.129 HAPPY DELI Kamakura R

P.96 鎌倉彫教室 鎌陽洞 ★

P.57 GELATERIA SANTi S

P.57 鎌倉くらん S

御成小 ⊗

御成小前

ふれあい鎌倉 ホスピタル ⊕

ことのいち鎌倉 S

東急ストア

レンタサイクル 鎌倉駅前店 S P.154

駅入口

郵便局前

R 朝食屋 COBAKABA P

中央図書館●

福祉センター● 社会福祉協議会

P.105 旧安保小児科医院 ★

P.143 フニクラ S

P.137 鎌倉しふぉん S

S 鎌倉市 農協連即売所 P.136

笹目町

由比ガ浜(1)

佐助川

P.137 PARADISE ALLEY BREAD&CO. S

本覚寺 P.72

御成中入口

P.57 HMT S P.137 秀吉 R

P.142 下川橋

湘南信金

下馬

S 鎌倉・文具と 雑貨の店 コ

P.13

P.146 Grandir Ensemble S

P.134 La foret et la table S

カード下

大町 四ツ角

下馬四ツ角

卍 教恩

湘南信金

S MAR P.143

六地蔵

鎌倉教会 †

P.147 パティスリー MIWA S

六地蔵

P.139 アンティーク・ユー S

鎌倉 井上蒲鉾店 本店 S P.140

江ノ島電鉄

やまか S 小学校前

延命寺 卍

● 京急バス

GROVE 鎌倉 P.154

P.14

大町 四ツ

和菓子 大くに P.148

⊗第一小

鎌倉体育館

P.5

ガ谷(2)

鶴岡文庫

西御門(2)

八幡宮裏

S 山安 鎌倉店 P.141

本宮

⛩ 鶴岡八幡宮 P.35

祖霊社⛩

舞殿●

● 若宮

P.39 源頼朝の墓 ★

R 手打ちそば 千花庵 P.117

白旗神社

P.31/P.68 荏柄天神社 ⛩

鎌倉文華館
岡ミュージアム ★ P.37

㉑

⛩白旗神社

● 休憩所

社務所

★ 鎌倉国宝館 P.98

⊗横浜国大附属鎌倉中

清泉小 ⊗

天神前

平家池

⊗横浜国大附属鎌倉小

雪ノ下(3)

お宮通り

八幡宮前

源氏池

三ノ鳥居 八幡宮前

岐れ道

岐れ路

雪ノ下

P.10

S 博古堂 P.145

大学前

⛩ 正一位稲荷

204

雪ノ下

⛩ 大御堂橋

S 吾妻屋 P.145

大学前

大御堂橋

八幡宮前

R 創作和料理 近藤 P.114

田楽辻子のみち

★ 英国アンティーク博物館 BAM 鎌倉 P.32

雪ノ下(1)

S 上生御菓子処 美鈴 P.148

ャングリラ

★ 若宮大路幕府跡 P.38

卍 宝戒寺 P.38/P.92

住友

★ 湯浅物産館 P.105

宝戒寺橋

清川病院

R オステリア ジョイア P.120

東勝寺橋

小町(3)

✝ レデンプトリスチン
修道院

雪ノ下(4)

雪ノ下(5)

R 段葛 こ寿々 P.117

卍 妙隆寺 P.38

リック雪ノ下教会

★ 東勝寺跡 P.89

● エクレール

(2)

● 日蓮辻説法跡

琴橋

大町(1)

神社⛩

卍 蛇苦止堂

大町(1)

浄明寺(1)

本殿●

● 電通研修所

卍 妙本寺
P.71/P.30/P.95

● 祖師堂

比企谷幼稚園

大町(1)

大町(3)

3時のおやつ工房 **S**

卍 常栄寺 P.72

● 新羅三郎義光の墓

大町(6)

⛩ 八雲神社

卍 大宝寺

25/P.72

P.15

安養院 卍 別願寺

9

二階堂・金沢街道周辺

にかいどう・かなざわかいどうしゅうへん

周辺図 P.2-3

0　100　200m
1:8,500
N

卍 覚園寺 P.68

西御門(1)

第二中 ⊗

八雲神社 ⊼

卍 来迎寺 P.101

鎌倉市

永福寺跡 •

亀ヶ淵

P.5

西御門(2)

理智光寺

鎌倉宮カントリー•
テニスクラブ

P.39 源頼朝の墓 ★

白旗神社 ⊼

🅡 手打ちそば 千花庵 P.117

P.31/P.68 荏柄天神社 ⊼

⊼ 鎌倉宮 P.68/P.29/P.

鎌倉 阿寓 🅡
P.114

大塔宮

• 宝物殿
• 社務所

⊗ 横浜国大附属鎌倉中

お宮通り

太平殿

稲葉越橋

清泉小 ⊗

天神前

⊗ 横浜国大附属鎌倉小

雪ノ下(3)

一階堂川

204

岐れ道

岐れ路

雪ノ下

⊗ 第二小

🅒 cafe kaeru
P.130

P.9

滑川

大御堂橋

大御堂橋

歌の橋

卍 杉本寺
P.69

卍 宝戒寺 P.38/P.92

田楽辻子のみち

⊗

🅡 杉本観音

宝戒寺橋

フレンドリー鎌倉

犬懸橋

🅡 左可井 廣瀬杉

小町(3)

✝ レデンプトリスチン
修道院

雪ノ下(4)

雪ノ下(5)

上杉朝宗邸跡 •

★ 東勝寺跡 P.89

• エクレール

浄明寺(1)

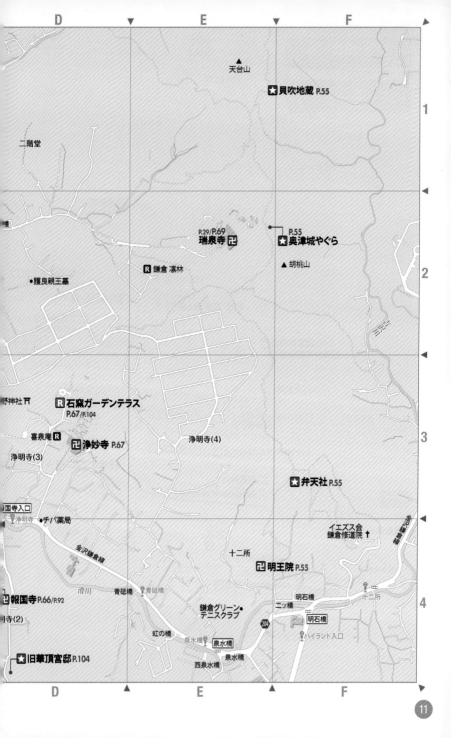

D　　　　　▼　　　　　E　　　　　▼　　　　　F　　　　　▲

1

▲天台山

★貝吹地蔵 P.55

二階堂

P.29/P.69
瑞泉寺 卍

● P.55
★奥津城やぐら

R 鎌倉 凛林

2

▲胡桃山

● 護良親王墓

野神社 丌

R 石窯ガーデンテラス
P.67/P.104

浄明寺(4)

3

喜泉庵 R

卍 浄妙寺 P.67

浄明寺(3)

★弁天社 P.55

国寺入口

卍浄明寺　●チバ薬局

イエズス会
鎌倉修道院 †

金沢鎌倉線

十二所

卍 明王院 P.55

4

滑川　青砥橋　青砥橋

卍 報国寺 P.66/P.92

鎌倉グリーン●
テニスクラブ

明石橋

十二所

明寺(2)

二ッ橋

明石橋

★旧華頂宮邸 P.104

虹の橋

泉水橋　泉水橋

西泉水橋

ハイランド入口

D　　　　　▲　　　　　E　　　　　▲　　　　　F　　　　　▼

長谷・由比ヶ浜
はせ・ゆいがはま

周辺図 P.2-3

0　100　200m
1:8,500
N

笛田(6)

●大仏切通し
大仏トンネル
大仏坂

長谷配水池●

長谷(4)

一向堂公園

浅間神社

長谷(5)

大仏坂 32

大仏

卍 高徳院
P.62/P.24/P.61/P.112

大仏前

極楽寺(4)

神霊教●

鎌倉病院

鎌倉能舞台 P.103 ★
能舞台茶寮神楽 P.103 C

割烹・蕎麦 波と風 P.115 R

長谷通り

大仏前

P.107 鎌倉文学館 ★
(2027年まで休館中)

長谷(1

R ESSELUNGA P.122

甘縄神明宮 P.65
足達盛長邸跡

長谷公会堂

長谷(3)

長谷観音

★ 旧長谷こ
会館 P.105

かまくら小花寿司 R
P.116

文学館入

P.24/P.65 光則寺 卍

極楽寺(2)

P.27/P.30/P.95/P.101/P.63
長谷寺 卍

P.32 WITH KAMAKURA ★

P.19

熊野新宮

P.64
御霊神社
P.123 Restaurant Watabe R

長谷観音前

P.31 収玄寺 卍

長谷(2)

S 暮らしのもの十和 P.144

P 長谷駅

S 鎌倉 するがや 長谷駅前店 P

長谷駅

極楽寺 卍 P.64

極楽寺駅

●上杉憲方の墓
成就院 卍
P.64

P.148
力餅家

虚空蔵堂 卍 ●星の井

極楽寺坂
●極楽寺坂切通し
café recette 鎌倉 C
P.127

星の井通り

由比ヶ浜

御嶽大神

P.134 Boulangerie
Lumière du b S

由比ヶ

由比ヶ浜

坂ノ下

●坂ノ下海岸

稲瀬川

P.133 茶寮てまり C

鎌倉
海浜公園

相模湾

極楽寺(1)

P.7

C 甘味処 こまめ P.132
P.147 レ・ザンジュ鎌倉本店 **S**
P.142 異文化の風 さかゑ **S**
P.105 ホテル
ニューカマクラ **S**

恩寵教会 †
市役所通り
諏訪神社 🎐
鎌倉児童ホーム・
御成トンネル
御成通り
紀ノ国屋
市役所前
みずほ
駅
西口

P.129 HAPPY DELI Kamakura **R**
鎌倉市役所 ◎
P.96 鎌倉彫教室 鎌陽洞 ★
湘南信金
御成通り
P.57 TUZURU **S**

佐助(1)
御成小 ⊗

御成中 ⊗

御成小前
ふれあい鎌倉
ホスピタル
P.105 旧安保小児科医院 ★
P.57 鎌倉くらん **S**

中央図書館・
福祉センター・
社会福祉協議会
佐助川
P.57 GELATERIA SANTi **S**

笹目町
由比ガ浜(1)
御成中入口
P.57 HMT **S**
P.134 KIBIYA BAKERY **S**
P.146 Grandir Ensemble **S**

P.8

P.134 La foret et la table **S**
下馬四ツ角
湘南信金
下馬

六地蔵
六地蔵
S MAR P.143

★ 吉屋信子記念館
P.107
P.147 パティスリーMIWA **S**
鎌倉教会 †
P.154
GROVE
鎌倉
・京急バス

P.140
鎌倉 井上蒲鉾店 本店 **S**
第一小 ⊗
やまか **S**
小学校前

P.105 寸松堂 **★**
鎌倉体育館・

S アンティーク・ユー P.139
鎌倉女学院
高・中

R PaPa Noel P.121
長谷東町
由比ヶ浜大通り
笹目
311
P.132 無心庵 **C**
和田塚駅
由比ガ浜(2)
鎌倉署 ⊗

イヤモンド
ナエティ
鎌倉彫工芸館・
和田塚
一ノ鳥居

R 鎌倉前 魚源
P.119
由比ガ浜(3)
保健福祉事務所・
若宮大路公園
・見田記念
体育館

由比ヶ浜駅
江ノ島電鉄
H かいひん荘
和田塚入口
21
裁判所
上河原

R 鎌倉 松原庵
P.122

P.14

由比ガ浜(4)
海岸橋
⊕ 地域医療センター

H KKR鎌倉わかみや
海岸橋

134
鎌倉海浜公園
京急バス・
材木座(3)

公園前
滑川
滑川橋
臨海学園
材木座5

由比ヶ浜
由比ガ浜海水浴場 ⚓
材木座(5)

C 材木座テラス

P.146 Grandir Ensemble **S** **P.7/P.8**

P.134 La foret et la table **S**

S MAR P.143

P.147 パティスリーMIWA **S**

六地蔵

六地蔵

延命寺 卍

鎌倉教会 †

教恩寺 卍

湘南信金 下馬

下馬
四ツ角

大町橋

滑川

江ノ島電鉄

P.140

鎌倉 井上蒲鉾店
本店 **S**

寸松堂 ★
P.105

笹目

P.132

無心庵 **C**

S アンティーク・ユー P.139

鎌倉彫工芸館 ● 和田塚

和田塚駅

やまか **S**
小学校前

GROVE鎌倉 P.154
京急バス

P.142

鎌倉・文具と雑貨の店
コトリ **S**

大町
四ツ角

フ

和菓子 大くに **S**
P.148

第一小

鎌倉体育館

えんま橋

鎌倉署

鎌倉女学院高・中
病院前

由比ガ浜(2)

● 一ノ鳥居

ヒロ病院 ⊞

由比ガ浜(3)

保健福祉事務所 ●

若宮大路
公園

● 見田記念
体育館

由比若宮 (元八幡) ⊞
P.87

上河原橋

元八幡

上河原

材木座(1)

水道 ⊞

水道路

P.13

KKR鎌倉わかみや H

和田塚入口

由比ガ浜(4)

横浜横須賀道路

海岸橋

裁判所

滑川

海岸橋

地域医療センター ⊞

啓運寺 卍

妙長

京急バス ●

鎌倉海浜公園

材木座(3)

材木座テラス **C**

リプレイ **R**

公園前

滑川 ⊗

滑川橋

臨海学園

材木座5

材木座(5)

九品寺 卍

向福寺 卍

五所神社

亀時間 ⊞

九品寺前
九品寺 H

九品寺前

たぶのき

DG CAMP鎌倉 ●

もんざ丸 **S**
前田水産 卍 補

材木座海水浴場

材木座

相模湾

海沿いのキコリ食堂 **R**

光明寺

逆川

⊗

卍 常栄寺 P.72

P.9

3時のおやつ工房 S

● 新羅三郎義光の墓

卍 大宝寺

大町・材木座
おおまち・ざいもくざ

周辺図 P.2-3

0 — 100 — 200m
1:8,500
N

⊤ 八雲神社

卍 別願寺

卍 安養院 P.72/P.25

上行寺 卍

名越

逆川

1

本興寺

大町(2)

中道橋

三枚橋

卍 妙法寺 P.73

大町(4)

鎌倉市

⊕ 額田記念病院

鎌倉葉山線

卍 安国論寺 P.73

● 御法窟

大町(7)

2

ヤマト運輸

◯✕◯

大町(5)

卍 長勝寺

長勝寺

材木座(2)

311

横須賀線

名越トンネル

来迎寺 卍

● 材木座霊園

やすらぎ
センター

緑ヶ丘入口

名越トンネル

逗子トンネル

⊤ 五所神社 P.16

相寺

長勝寺 卍
松ヶ谷草庵

クリーンセンタ ●

新名越隧道

新逗子隧道

3

材木座(4)

西公園

小坪7

材木座(6)

⊤ 秋葉三尺坊大権現

● 東公園

緑ヶ丘入口

小坪(1)

4

逗子市
小坪(7)

手院

卍 光明寺 P.70/P.24/P.95

R 光明寺 P.128

亀ヶ丘団地西

小坪(2)

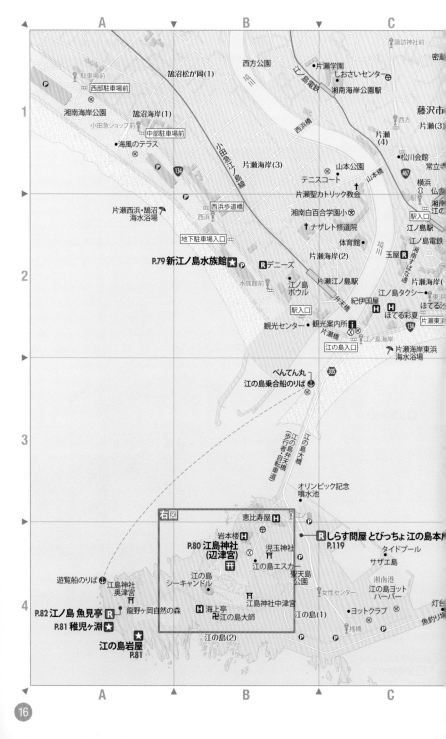

諏訪神社前

密蔵

駐車場前
西部駐車場前

鵠沼松が岡(1)

西方公園

江ノ島電鉄

片瀬学園
しおさいセンター

湘南海岸公園駅

藤沢市

1

湘南海岸公園

鵠沼海岸(1)

小田急ショップ前
中部駐車場前

小田急江ノ島線

西浜橋

西方

片瀬(4)

片瀬(3)

海風のテラス

134

片瀬海岸(3)

山本公園

テニスコート

松川会館

常立

横浜

片瀬西浜・鵠沼
海水浴場

西浜歩道橋

西浜

片瀬聖カトリック教会

湘南白百合学園小⊗

✝ナザレト修道院

山本橋

仏

駅口

湘南

江ノ島駅

▶

地下駐車場入口

体育館

境川

江ノ島電鉄

湘南すばな通

P.79 新江ノ島水族館 ★ P

水族館前

R デニーズ

片瀬海岸(2)

江ノ島
ボウル

玉屋 R

片瀬海岸(

2

駅口

片瀬江ノ島駅

弁天橋

紀伊国屋

江ノ島タクシー

H

東浜

観光センター ● ●観光案内所 ℹ️

片瀬橋

ほてる彩夏

ほてる泊

片瀬東浜

134

片瀬東

江の島入口

江ノ島海岸

片瀬海岸東浜
海水浴場

▶

べんてん丸
江の島乗合船のりば Ⓦ

305

3

江の島大橋
（歩行者・自転車道）

オリンピック記念
噴水池

▶

右図

恵比寿屋 H

江ノ島

R しらす問屋 とびっちょ 江の島本店
P.119

岩本楼 H

タイドプール

**P.80 江島神社
(辺津宮)**
⊗卍

児玉神社
⛩

サザエ島

江の島エスカー

聖天島
公園 P

湘南港
江の島ヨット
ハーバー

遊覧船のりば 江島神社
奥津宮
⛩

江の島
シーキャンドル

江島神社中津宮
⛩

女性センター

ヨットクラブ

灯台

4

P.82 江ノ島 魚見亭 R

龍野ヶ岡自然の森

H 海上亭
卍江の島大師

江の島(1)

桟橋 P

魚釣り場

P.81 稚児ヶ淵 ★

江の島岩屋
P.81

江の島(2)

D　　▼　　E　　▼　　F　　▲

湘南白百合学園
高・中

片瀬目白山

青少年広場

片瀬目白山

目白山

津西(2)　津西(1)

御所ケ丘入口

中川

●腰越行政センター

目白山下駅

湘南モノレール

蓮寺

瀬山公園

山ネル

卍法源寺

⊗腰越小

宝善院 卍

腰越中 ⊗

腰越(5)

腰越(4)

†モンタナ修道院

腰越・津

丹後ガ谷公園

龍口寺 P.75

口明神社

S 和菓子司 扇屋 P.85

S 鈴傳 P.85

鎌倉市

腰越中央医院 ⊕

津西局 ⊕

大津橋

腰越中央医院 ⊕

神戸川

304

亀井

腰越(3)

江ノ島電鉄

海岸

本行寺 卍　卍本龍寺　腰越(2)

⊗鎌倉高

湘南信金

腰越駅

本成寺 卍 卍 勧行寺 卍東漸寺

卍妙典寺

腰越(1)

⊕聖テレジア病院

日坂

P.18 ▶

腰越海岸

腰越海水浴場 腰越橋

浄泉寺 卍

H 秋田屋

卍 満福寺 P.75/P.86

●富士見墓苑

鈴木病院

鎌倉高校前駅

すや 腰越漁港前店 R P.118

腰越漁港

小動

⊕恵風園 胃腸病院

恵風園前

鎌倉高前

鎌倉高駅前

峰ヶ原

小動神社 P.75

S 小動

金子丸直売所

小動岬

相模湾

P.79 江の島アイランドスパ ★

江ノ島 ⁋

P.80 井上総本舗 S

H 恵比寿屋

相模湾

P.80 元祖紀の国屋本店 S

岩本楼 H

●S あさひ本店
P.80

P.80 江島神社
(辺津宮)

⊗

⊓児玉神社

P.80

江の島サムエル・
コッキング苑 ★

江の島エスカー

⊓八坂神社

江之島亭 R P.82

江の島・
シーキャンドル

江島神社中津宮 ⊓

龍野ヶ岡自然の森

海上亭 H

P.83 C しまカフェ 江のまる

恋人の丘
(龍恋の鐘)

江の島大師 卍

C iL-CHIANTI CAFE 江の島
P.83

江の島(2)

D　　▲　　E　　▲　　F　　▼

西鎌倉駅
南鎌倉
自治会館前
JA●
柏木外科
西鎌倉山
新鎌倉山1 南公園
新鎌倉山入口
経六稲荷 卍
龍口明神社
見晴
神社前
白山橋 白山橋
新鎌倉山4
P.125柏亭
新鎌倉山2
新鎌倉山3

1

⊗

津西(1)
ゆまドッグスクール ●
鎌倉山
御所ケ丘入口
中川 ●
腰越行政センター
鎌倉市
七里ガ浜東(5)
モンタナ修道院
水質浄化センター●
夕陽ガ丘通り
丹後ガ谷公園
腰越・津
七里ガ浜小 ⊗
七里ガ浜東
霊光寺 卍
田辺広町公園 ●
田辺広町
東5丁目公園
P.17◀
日蓮聖人
祈雨旧跡
雨乞の池
雨乞橋
東2丁目公園
行合坂

2

腰越(1)
⊗鎌倉高
七里ガ浜(1)
行合坂
聖テレジア病院
七里ガ浜東(2)
鈴木病院
日坂
鎌倉高校前駅
七里ガ浜(2)
田辺公園
七里ガ浜東
潮騒通り
P.74七高通り

3

鎌倉高前
江ノ島電鉄
鎌倉高駅前
峰ケ原
卍 顕証寺
七里ヶ浜駅
レストラン ル・トリアノン
P.77
bills 七里ヶ浜 R
P.127
⊗七里ガ浜高
鎌倉プ
Amalfi DELLA SERA R
P.76
行合橋
P W
七里ガ浜
Double Doors 七里ガ浜 R
P.76
七里ヶ浜
P.138
七里ケ浜フリーマーケット S
P.138
七高正門

相模湾

4

稲村ヶ崎・七里ヶ浜
いなむらがさき・しちりがはま

周辺図 本書P.2-3

0 150 300m N

1:13,000

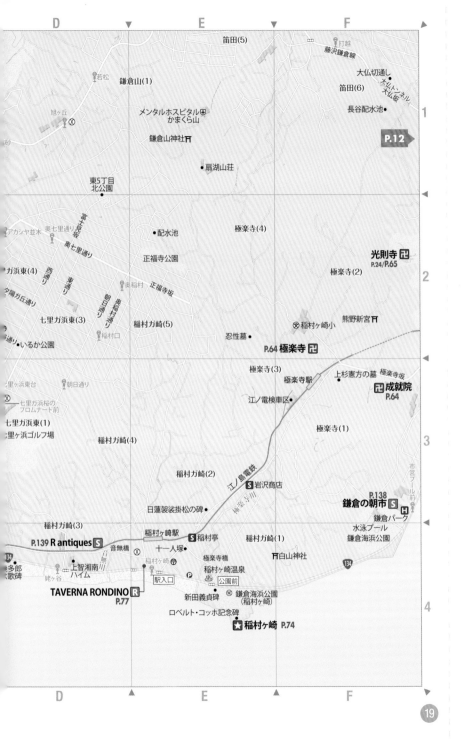

笛田(5)

打越
藤沢鎌倉線

若松
鎌倉山(1)

大仏切通し
大仏トンネルへ

旭ヶ丘
⊗

メンタルホスピタル⊞
かまくら山

笛田(6)

長谷配水池 •

1

P.12 ▶

鎌倉山神社 ⛩

扇湖山荘 •

東5丁目
北公園 •

◀

アカシヤ並木

富士見坂
奥七里通り

配水池 •

極楽寺(4)

ガ浜東(4)

西通り

奥七里通り

正福寺公園

光則寺 卍
P.24/P.65

2

東通り

奥稲村

正福寺坂

極楽寺(2)

夕陽ヶ丘通り

朝日通り

七里ガ浜東(3)

稲村ガ崎(5)

⊗ 稲村ヶ崎小

熊野新宮 ⛩

稲村口

通り・いるか公園

忍性墓 •

P.64 極楽寺 卍

◀

里ヶ浜東台

朝日通り

極楽寺(3)

極楽寺駅

上杉憲方の墓
•

極楽寺坂

⊗
七里ガ浜桜の
プロムナード前

江ノ電検車区 •

卍 **成就院**
P.64

七里ガ浜東(1)

里ヶ浜ゴルフ場

稲村ガ崎(4)

極楽寺(1)

3

稲村ガ崎(2)

江
ノ
島
電
鉄

Ⓢ 岩沢商店

市営プール前

日蓮袈裟掛松の碑 •

極
楽
寺
川

鎌倉の朝市 Ⓢ
P.138

◀

鎌倉パーク Ⓗ

稲村ガ崎(3)

稲村ヶ崎駅

稲村亭

稲村ガ崎(1)

水泳プール
鎌倉海浜公園

P.139 R antiques Ⓢ

音無橋

十一人塚

⊗ 白山神社 ⛩

134

多々郎
歌碑

上智湘南
ハイム

音無川

稲村ヶ崎 ⛩

極楽寺橋 •

姥ヶ谷

駅入口

Ⓟ

稲村ヶ崎温泉

公園前

134

TAVERNA RONDINO Ⓡ
P.77

新田義貞碑

Ⓦ 鎌倉海浜公園
(稲村ヶ崎)

4

ロベルト・コッホ記念碑

★ **稲村ヶ崎** P.74

◀

とりはずして使える

MAP

付録 街歩き地図
鎌倉

おとな旅
プレミアム
PREMIUM

切り取り線

TAC出版
TAC PUBLISHING Group

鎌倉

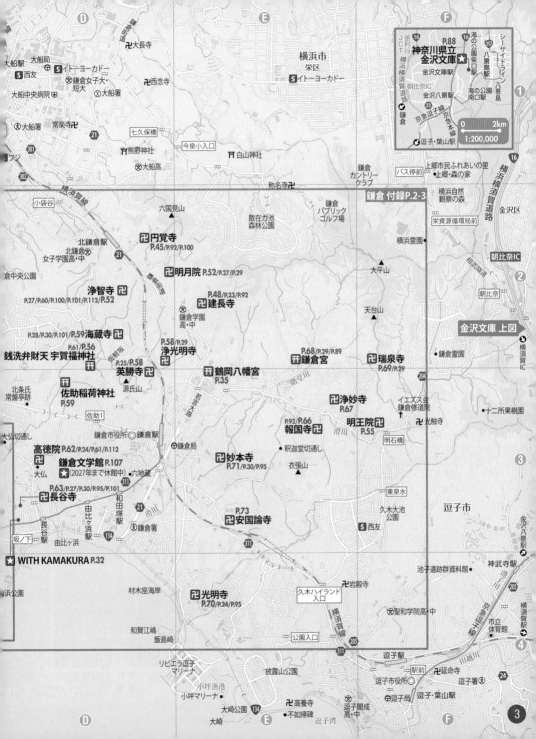

あなただけの
プレミアムな
おとな旅へ!
ようこそ!

鎌倉への旅

寺社の甍と海風に揺られ
花と文化が華やかに咲く

鶴岡八幡宮を中心に据えて、
武士の時代と鎌倉は育った。
明治以降この地は鎌倉文士と
呼ばれる文豪たちを呼び寄せ、
より豊饒な文化を醸成する。
山々に抱かれた神社仏閣を
季節の花がカラフルに覆い、
江の島の奥に富士山を望む。
切通しを抜け住宅街を通り、
一歩踏み出せば湘南の海。
打ち寄せる波のように静かで
ゆるやかな時間に身を任せ、
時代を超えてなお賑やかな
鎌倉散策にわくわくしたい。

SIGHTSEEING

静寂のなかに
葉音がざわめく
境内の奥の
「竹の庭」

報国寺 → P.66

4

鎌倉殿のお膝元には
格式高い古社古刹が集う

SIGHTSEEING

高徳院 → P.62

山を借景に
人々を見守る
美男と名高い
露座の大仏様

武士の時代からの
鎌倉の象徴、鶴岡八幡宮

EXPERIENCE

お気軽に
されど本格的に
経を筆でなぞり
心を整える

写経体験 → P.94

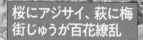
桜にアジサイ、萩に梅
街じゅうが百花繚乱

鎌倉に花があふれる時期。
多くの観光客で賑わう

CAFETERIA

平家池を
見ながら一服。
鶴岡八幡宮内の
「喫茶 風の杜」

鎌倉文華館 鶴岡ミュージアム
➡ P.37

GOURMET

海を望み
洗練された
鎌倉食材の
料理に舌鼓

レストラン ル・トリアノン ➡ P.77

湘南の海岸沿いで
プチリゾート気分

SIGHTSEEING

春夏秋冬
厳かな古刹を
華やかに彩る
季節の花々

長谷寺 ➡ P.63

文豪も愛した風景を
気ままにおさんぽ

きらめく海に狭い路地
鎌倉を縫うように走る江ノ電

SWEETS

懐かしくて
新しい
創作上生菓子を
ご賞味あれ

茶寮てまり ➡ P.133

SWEETS

川端康成が
通い詰めた
老舗の
人気喫茶

イワタコーヒー店 ➡ P.111

CONTENTS

 特 集

歩く・観る

美と出会う

食べる

買う

本書のご利用にあたって

● 本書中のデータは2024年1〜2月現在のものです。料金、営業時間、休業日、メニューや商品の内容などが、諸事情により変更される場合がありますので、事前にご確認ください。

● 本書に紹介したショップ、レストランなどとの個人的なトラブルに関しましては、当社では一切の責任を負いかねますので、あらかじめご了承ください。

● 営業時間、開館時間は実際に利用できる時間を示しています。ラストオーダー(LO)や最終入館の時間が決められている場合は別途表示してあります。

● 休業日に関しては、基本的に定休日のみを記載しており、特に記載のない場合でも年末年始、ゴールデンウィーク、夏季、旧盆、保安点検日などに休業することがあります。

● 料金は消費税込みの料金を示していますが、変更する場合がありますのでご注意ください。また、入館料などについて特記のない場合は大人料金を示しています。

● レストランの予算は利用の際の目安の料金としてご利用ください。Bが朝食、Lがランチ、Dがディナーを示しています。

● 宿泊料金に関しては、「1泊2食付」「1泊朝食付」「素泊まり」は特記のない場合1室2名で宿泊したときの1名分の料金です。曜日や季節によって異なることがありますので、ご注意ください。

● 交通表記における所要時間、最寄り駅からの所要時間は目安としてご利用ください。

● 駐車場は当該施設の専用駐車場の有無を表示しています。

● 掲載写真は取材時のもので、料理、商品などのなかにはすでに取り扱っていない場合があります。

● 予約については「要予約」(必ず予約が必要)、「望ましい」(予約をしたほうがよい)、「可」(予約ができる)、「不可」(予約ができない)と表記していますが、曜日や時間帯によって異なる場合がありますので直接ご確認ください。

● 掲載している資料および史料は、許可なく複製することを禁じます。

■ データの見方

☎ 電話番号	✈ アクセス
㉿ 所在地	Ⓟ 駐車場
開 開館/開園/開門時間	宿泊施設の客室数
営 営業時間	in チェックインの時間
休 定休日	out チェックアウトの時間
料 料金	

■ 地図のマーク

★ 観光・見どころ	H 宿泊施設
卍 寺院	i 観光案内所
⛩ 神社	♨ 温泉
✝ 教会	♀ バス停
R 飲食店	
C カフェ・甘味処	
S ショップ	
SC ショッピングセンター	

旅のきほん

1

❖❖
エリアと観光のポイント

鎌倉はこんな街です

海と山に囲まれた風光明媚な地には
歴史、文化、自然など多くの魅力が詰まっている。 ❖

大仏が静かに見守る文人の愛した地
長谷・由比ヶ浜 →P.62
はせ・ゆいがはま

鎌倉の象徴として親しまれる大仏が鎮座する高徳院や花の寺・光則寺など名刹が多いエリア。長谷周辺は別荘地として多くの文士が居を構えていた。

➡長谷に店を構える老舗の饅頭店、力餅家

観光のポイント 光則寺、長谷寺など四季折々の美しい花が咲き誇る寺を巡る。明治〜昭和初期の洋風の別荘跡も点在

喧騒を逃れ、鎌倉武士に思いを馳せる
扇ガ谷・源氏山公園周辺 →P.56
おうぎがやつ・げんじやまこうえんしゅうへん

鎌倉駅の西側に位置する閑静なエリア。かつての古道、今小路沿いには古刹と個性的な雑貨店やカフェが点在しており、ゆったり散策を楽しめる。

➡トンネルの先に銭洗弁財天宇賀福神社がある

観光のポイント 山の合間に家々が建つ特徴的な風景。新田義貞の鎌倉攻めの激戦地・化粧坂切通しを抜け源氏山公園へ

潮風に吹かれ、海辺でくつろぐ
稲村ヶ崎・七里ヶ浜 →P.74
いなむらがさき・しちりがはま

美しい海が一面に広がるエリア。江ノ電が海沿いをのどかに走る。ハイセンスなカフェやレストランも多い。

➡稲村ヶ崎の夕景

観光のポイント 江の島や富士山を望む稲村ヶ崎からの夕景が素敵

湘南を代表する活気ある観光地
江の島・片瀬海岸 →P.78
えのしま・かたせかいがん

古くから江島神社に多くの参拝客が訪れ、今も大勢の人で賑わう。片瀬西浜の新江ノ島水族館も人気のスポットだ。

➡江の島ではイベントも盛ん

観光のポイント 江の島シーキャンドルから湘南の大パノラマを眺める

扇ガ谷・
源氏山公園周辺

長谷・由比ヶ浜

稲村ヶ崎・七里ヶ浜

江の島・片瀬海岸

相模湾

鎌倉の歴史を刻む寺院を訪ね、鎌倉街道を歩く

北鎌倉 ➡P.44
きたかまくら

かつて禅宗を保護した執権・北条氏の領地だった地。広大な境内に大伽藍を擁する円覚寺や国内最古の禅寺・建長寺など格式高い寺院が多く、古都の風情が漂う。

観光のポイント 個性的な美術館もあり、芸術鑑賞が楽しめる

⬆円覚寺舎利殿

⬆北鎌倉の寺院はどこも個性豊かだ

素朴な風景に心安らぐ

二階堂・金沢街道周辺 ➡P.66
にかいどう・かなざわかいどうしゅうへん

昔むした石段が美しい鎌倉最古の寺院・杉本寺や竹の寺として親しまれる報国寺など、見どころが多いエリア。

観光のポイント 数カ所の寺院では、名庭を眺めながら、お茶を堪能できる

⬆報国寺の竹林

日蓮の思いが根付く懐かしい街

大町・材木座 ➡P.70
おおまち・ざいもくざ

日常の風景のなか、日蓮ゆかりの寺院が点在する。材木座海岸はウインドサーフィンのメッカとして賑わう。

観光のポイント 個性的な雑貨店や地元に愛される店など買い物も楽しめる

⬆光明寺の山門

[地図]

横浜市 栄区

金沢区

常楽寺卍 ㉑
卍白山神社
金沢市民の森
⑯

称名寺卍

横須賀線
北鎌倉駅
卍円覚寺 **北鎌倉**
大平山▲
東慶寺卍 ㉑
浄智寺卍 卍明月院
朝比奈IC
海蔵寺卍 卍建長寺
銭洗弁財天
宇賀福神社卍
瑞泉寺卍
源氏山 卍英勝寺 卍鶴岡八幡宮
佐助稲荷神社⊕ **鎌倉駅・若宮大路周辺**
卍浄妙寺
今大路通り
鎌倉駅 報国寺卍 明王院卍 卍光触寺
鎌倉市役所◎
⊕高徳院
★鎌倉文学館 卍妙本寺 衣張山▲ **二階堂・金沢街道周辺**
和田塚駅
長谷寺 由比ガ浜
由比ヶ浜駅 卍安国論寺
大町・材木座
卍光明寺 逗子市

横須賀線
逗子駅
逗子・葉山駅

ここが鎌倉観光の拠点

武家政治始まりの地で歴史をたどる

鎌倉駅・若宮大路周辺 ➡P.34
かまくらえき・わかみやおおじしゅうへん

日本三大八幡宮のひとつでもある鶴岡八幡宮を中心に歴史舞台となった史跡が集まる。駅前から延びる小町通りには鎌倉の老舗や食事処、人気店が軒を連ね、賑わう。

観光のポイント 鎌倉駅東西の小町通り、若宮大路、御成町周辺は多くの店が密集する。新しくできた話題の店も多い

⬆多くの参拝客で賑わう 鶴岡八幡宮

13

鎌倉の移動は徒歩が中心、公共交通機関も活用して

鎌倉の街を移動する

エリア内の見どころはほとんどが徒歩でOKだ。複数のエリアをまわるときには、
JR横須賀線や江ノ電、路線バスを使えば行動範囲はぐっと広がる。

　鎌倉市内中心部の散策は、鎌倉駅、北鎌倉駅、
江ノ電・長谷駅を起点に考えるとわかりやすい。
金沢街道沿いや材木座方面は、やや距離があるの
で鎌倉駅から路線バスを利用すると楽だ。稲村ヶ
崎〜江の島にかけては、江ノ電を利用すると便利。
江の島へは、大船から湘南モノレールと藤沢から
小田急江ノ島線も利用できる。桜やアジサイの
シーズン、そのほかも連休はたいへん混み合う日
があるので、市内の渋滞には注意したい。

レトロなバスりんどう号で金沢街道を行く

京急バスが運行するレトロな赤い車体のバス
が「りんどう号」。歴史ある寺社が多数存在す
る金沢八景方面の路線や逗子ハイランド住宅
地を循環する路
線などがある。鎌
倉駅〜浄明寺の
区間では、公共交
通機関が乗り放
題となる鎌倉フ
リー環境手形も
利用できる。

☎0467-23-2553
(京急バス鎌倉営業所)
●要問合せ　●鎌倉駅
〜金沢八景400円など通
常の路線バスに準ずる、
鎌倉フリー環境手形につ
いてはP.153参照

↑鎌倉駅東口にバス乗り場、タクシー乗り場、観光案内所が
ある。江ノ電の乗り場は西口側にある

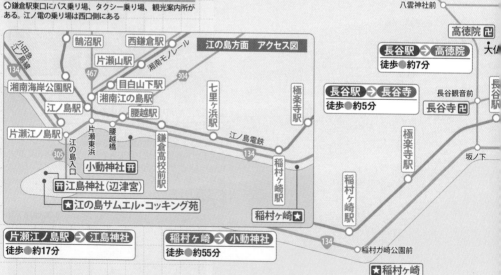

江の島方面　アクセス図

長谷駅 → 高徳院
徒歩●約7分

長谷駅 → 長谷寺
徒歩●約5分

片瀬江ノ島駅 → 江島神社
徒歩●約17分

稲村ヶ崎 → 小動神社
徒歩●約55分

鎌倉の交通 →P.154

◎大船駅

袋谷

21

卍 円覚寺

🚉 北鎌倉駅

北鎌倉駅前

北鎌倉駅 ➔ 円覚寺
徒歩●約1分

北鎌倉駅 ➔ 建長寺
徒歩●約15分

卍 建長寺

横須賀線

21

鎌倉駅 ➔ 海蔵寺
徒歩●約20分

海蔵寺 卍

鶴岡八幡宮 ➔ 建長寺
徒歩●約15分

卍 覚園寺

鎌倉駅 ➔ 覚園寺
徒歩●約35分
バス●約8分(乗車時間)
大塔宮バス停から徒歩8分

鎌倉駅 ➔ 瑞泉寺
徒歩●約40分
バス●約8分(乗車時間)
大塔宮バス停から徒歩15分

🚉 鎌倉宮

卍 瑞泉寺

源氏山公園 ★

鎌倉駅 ➔ 源氏山公園
徒歩●約30分

佐助一丁目

🚉 鶴岡八幡宮

八幡宮前

岐れ路

204

鎌倉駅 ➔ 鎌倉宮
徒歩●約25分
バス●約8分(乗車時間)
大塔宮バス停から徒歩1分

報国寺入口

浄明寺

卍 報国寺

鎌倉駅 ➔ 鶴岡八幡宮
徒歩●約10分

21

🚉 鎌倉駅

鎌倉文学館(休館中) ★

六地蔵

下馬

311

江ノ島電鉄

鎌倉駅 ➔ 報国寺
徒歩●約30分
バス●約8分(乗車時間)
浄明寺バス停から徒歩3分

和田塚駅

21

滑川

大町四ッ角

311

由比ヶ浜駅

◎由比ヶ浜

九品寺前

小坪七丁目

横須賀線

134

卍 光明寺

鎌倉駅 ➔ 光明寺
徒歩●約30分
バス●約9分(乗車時間)
光明寺バス停から徒歩1分

相模湾

◎逗子駅

15

旅のきほん
3

祭りや伝統行事を楽しむ。鎌倉の四季を感じる旅
鎌倉トラベルカレンダー

寺社仏閣が多い鎌倉では、一年を通してさまざまな伝統行事が開かれ、鎌倉の歴史と伝統にふれる貴重な体験ができる。夏の風物詩、花火大会も見逃せない。

1月	**2**月	**3**月	**4**月	**5**月	**6**月
初詣に訪れる人で賑わう。催しに参加して鎌倉の風習を体験したい。	各地の寺社で節分の豆まきが行われる。梅の花が見頃を迎える。	暖かくなって過ごしやすくなる。桜が古都に彩りを添え始める。	鎌倉最大の祭りが開催。流鏑馬など鎌倉の伝統芸能を肌で感じたい。	新緑が鮮やかなGWシーズン。歴史ある祭りや神事が多く行われる。	梅雨に入り雨の日が増え、蒸し暑い気に。アジサイが見頃。

- 辻堂（藤沢市）の月平均気温（℃）
- 辻堂（藤沢市）の月平均降水量（mm）

> 一年で最も寒く、空気が乾燥している。雪はめったに降らない

> 日中は15℃前後で過ごしやすい。気持ちよく街歩きができる時期

気温: 6.1 / 6.7 / 9.6 / 14.3 / 18.3 / 21.5
降水量: 66.4 / 57.7 / 139.2 / 133.5 / 157.4 / 165.6

1月

5日
除魔神事：鶴岡八幡宮
武士の事始めを起源とする神事。

10日
鎌倉えびす（本えびす）：本覚寺
えびす神の祭り。縁起物の福笹を求める参拝客で賑わう。

25日
初天神祭（筆供養）：荏柄天神社
古筆や鉛筆を供養し書道や学問の上達を祈る。

2月

3日
節分祭：各所
立春となる節目に豆を撒いて邪気を祓い、無病息災を願う。

8日
針供養：荏柄天神社
使い古した針を豆腐に刺し、日頃の針の労をねぎらう。

3月

春分の日
祖霊社春季例祭：鶴岡八幡宮
氏子崇敬者の祖霊を祀る社の例祭。春分・秋分の日に斎行。

4月

第2〜3日曜
鎌倉まつり
パレード、静の舞、流鏑馬などが催される鎌倉最大の祭り。

第3土曜
義経まつり：満福寺
源義経を偲ぶ祭り。慰霊法要のあと、パレードが行われる。

5月

5日
草鹿神事：鎌倉宮
鹿の形をした的に矢を射て、2組の射手が腕を競い合う。

5日
菖蒲祭：鶴岡八幡宮
無病息災と長寿を祈り、舞殿で神事と舞楽奉納を行う。

28日
白旗神社例祭：鶴岡八幡宮
源頼朝の遺徳を讃える祝詞を奏し、神前に玉串を捧げる。

6月

3日
例大祭：葛原岡神社
祭神の日野俊基を偲ぶ例祭。神前祭、墓前祭が催される。

第2曜
例祭：五所神社
3基の神輿が町内を渡り、材木座海岸から海上渡御する。
MAP 付録 P.15 D-3

30日
大祓：鶴岡八幡宮
半年間の穢れを祓う事。「茅の輪くぐり」も行われる。

冬ボタン 1〜2月
梅 1月中旬〜3月中旬
ミツマタ 3月中旬〜4月上旬
サツキ 5月下旬〜6月中旬
桜 3月下旬〜4月上旬
アジサイ 6月上旬〜
マンサク 2月中旬〜3月中旬
ボケ 3月〜4月中旬
ハナショウブ 6月
センリョウ 12月〜1月中旬
桃 3月中旬〜4月上旬
ビヨウヤナギ
水仙 12月中旬〜2月
ハクモクレン 3月中旬〜4月中旬
キキョウ
ロウバイ 12〜2月
カイドウ 4月上旬〜中旬
バラ 5月中旬〜6月
椿 1月下旬〜3月
ツツジ 4月中旬〜5月上旬
ナツツバキ
藤 4月中旬〜5月上旬

↑バラ〈鎌倉文学館〉

⬆荏柄天神社の初天神祭(筆供養)

⬆鶴岡八幡宮の流鏑馬神事

⬆鶴岡八幡宮のぼんぼり祭り

⬆光明寺のお十夜

7月	**8**月	**9**月	**10**月	**11**月	**12**月
開きが行われ、海水客で賑わい始める。火大会も開催される。	猛暑日になる日も多い。街歩きの際は熱中症対策を忘れずに。	暑さが和らぎ、過ごしやすい。八幡宮最大の祭事が行われる。	からっとした気持ちのいい気候。個性豊かな行事に注目したい。	秋も深まり、紅葉が見頃を迎える。庭園散策が楽しい季節。	街が冬めき、イルミネーションが輝く。年の瀬ならではの行事も。

24.9　26.6　23.7　18.5　13.3　8.5

室内の冷房が効きすぎる場合もあるので、羽織るものがあると安心

気温差が大きくなる時期。温度調節しやすい服装で出かけたい

181.4　137.3　191.3　182.7　104.1　59.3

7月	8月	9月	10月	11月	12月
1〜2日曜 王祭：小動神社 島神社の祭礼と同時催。神輿の海上渡御見どころ。 3・24日 山忌：建長寺 山・蘭渓道隆の法要。山像を輿にのせて法に遷す。 7日 鎌倉花火大会 木座・由比ヶ浜海岸一帯で、約2500発の火が打ち上げられる。水中花火が名物。	10日 黒地蔵縁日：覚園寺 10日0時に境内が開門暗闇のなかで法要が営まれる。 10日 四万六千日詣り この日の参拝は4万6000日分の参拝と同じ功徳があるとされる。杉本寺、安養院、長谷寺で。 立秋前日〜9日 ぼんぼり祭： 鶴岡八幡宮 約400の手書きのぼんぼりが境内を飾る。	11・12日 ぼたもち供養：常栄寺 日蓮聖人に老尼がぼたもちを捧げた故事に由来する祭り。 14〜16日 例大祭：鶴岡八幡宮 鶴岡八幡宮最大の祭事。神輿渡御や流鏑馬神事などを行う。 18日 面掛行列：御霊神社 五穀豊穣を祈る鎌倉神楽のあと、10人の面掛衆が練り歩く。	第1日曜 人形供養：本覚寺 寺に9月中に納められた人形を、読経のあと焚き上げ供養する。 上旬の金・土曜 鎌倉薪能：鎌倉宮 特設舞台で催される夜の野外能。篝火が幽玄の世界を演出。 13〜14日 お十夜：光明寺 夜を徹して念仏を唱える法会。境内には露店が出て賑わう。	上旬 宝物風入れ 北鎌倉の円覚寺と建長寺で、虫干しを兼ねて寺宝が公開される。国宝や重文も多数。 8日 丸山稲荷社火焚祭：鶴岡八幡宮 五穀豊穣に感謝する火焚きのあと、鎌倉神楽が奉納される。 15日 七五三祈請祭：鶴岡八幡宮 子どもの成長を祝う。	16日 御鎮座記念祭：鶴岡八幡宮 鶴岡八幡宮が鎮座した日を記念し、篝火のもとで舞を奉納。 18日 歳の市：長谷寺 だるまや熊手などの縁起物を扱う露店が参道に軒を連ねる。 31日 大祓：鶴岡八幡宮 日頃の罪や穢れを祓い去る神事。年に2回行われる。

ノウゼンカズラ 7月上旬〜8月上旬

上旬
サルスベリ 7月下旬〜9月上旬

蓮 7月中旬〜8月上旬

中旬〜7月上旬
フヨウ 8月中旬〜9月上旬

下旬〜8月上旬
萩 9月

〜7月上旬

ヒガンバナ 9月中旬〜10月上旬

ムラサキシキブの実 9月下旬〜10月

サザンカ 10月下旬〜12月

ツワブキ 10月中旬〜11月

イチョウ黄葉 11月中旬〜12月上旬

カエデ紅葉 11月中旬〜12月中旬

センリョウ 12月〜

水仙 12月中旬〜

ロウバイ 12月〜

バラ 10月中旬〜11月

⬅ヒガンバナ〈浄光明寺〉

※開催日程は変動することがありますので、事前にHPなどでご確認ください。

プレミアム滞在モデルプラン
鎌倉
おとなの1泊2日

鎌倉観光の基本は、小径を歩き古刹を巡る散策ルート。時間に余裕があれば、由緒ある社寺での坐禅や写経など、鎌倉ならではの体験もしてみたい。海岸沿いへ足を延ばすのもありだ。

⬆鶴岡八幡宮の本宮。中央の楼門の奥に拝殿・本殿が控える

1日目

源頼朝ゆかりの地で知る武士のロマン

丘陵地に点在する厳かな寺社を訪れ、鶴岡八幡宮を参拝する。

平家討伐の挙兵にゆかりのある古社を巡る

佐助稲荷神社 ➡P.59
さすけいなりじんじゃ

頼朝が伊豆に流刑されていた時代、夢枕で頼朝に挙兵をすすめた稲荷神を祀る古社として知られている。

銭洗弁財天 宇賀福神社 ➡P.56
ぜにあらいべんざいてんうがふくじんじゃ

「ここの霊水で神仏を供養すれば、国内平穏になる」と、夢の中で宇賀福神が頼朝に告げたといわれる。

頼朝が戦勝祈願をしたという源氏山へ

源氏山公園 ➡P.61
げんじやまこうえん

後三年の役に出陣した源義家にならい、頼朝も平家討伐の前に山頂で戦勝祈願をしたといわれる。

源氏にゆかりの深い名刹と古社

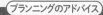

寿福寺 ➡P.58
じゅふくじ

北条政子が夫である頼朝の霊を慰めるために発願したと伝えられる。 正治2年（1200）に、日本に初めて臨済宗を伝えた栄西の開山により建立されたという。

鶴岡八幡宮 ➡P.35
つるがおかはちまんぐう

治承4年（1180）、頼朝が鎌倉入りした際に、由比若宮（元八幡）に代わる社殿を現在の地に造営したのが起源。現在の本宮は文政11年（1828）に造営されたもの。

プランニングのアドバイス

佐助稲荷神社から寿福寺にかけては、起伏のあるコースなので、歩きやすい服装と靴で。寿福寺から鶴岡八幡宮にかけては、鎌倉国宝館をはじめ、鎌倉市川喜多映画記念館、鎌倉市鏑木清方記念美術館などのミュージアムがあるので、興味があれば足を運んでみたい。また、コース前半、寿福寺までは食事処はほとんどない。途中での空腹が心配なら、鎌倉駅周辺でお弁当などを購入しておくとよい。源氏山公園は広々としており、お弁当を食べるのにもぴったりだ。

| 10:00 | 鎌倉駅 |

徒歩約20分
鎌倉駅西口からスタート。佐助稲荷社から銭洗弁財天 宇賀福神社へは徒歩8分

| 10:30 | 佐助稲荷神社
銭洗弁財天
宇賀福神社 |

徒歩約10分
銭洗弁財天 宇賀福神社から源氏山公園へは上り坂を歩く

| 12:00 | 源氏山公園 |

徒歩約20分
化粧坂切通し経由で寿福寺へ。足場が悪い区間があるので、気をつけて歩こう。途中、季節の花々が美しい海蔵寺や英勝寺に立ち寄ってもいい

| 14:00 | 寿福寺 |

徒歩約10分
横須賀線の踏切を渡る

| 14:30 | 鶴岡八幡宮 |

徒歩約10分
小町通りなどでおみやげ探しを楽しみながら鎌倉駅へ

| 18:00 | 鎌倉駅 |

2日目

北鎌倉から鎌倉駅へ、古刹さんぽプラン

北鎌倉の四季折々の自然にふれながら、鎌倉屈指の寺社を拝観する。

9:00 鎌倉駅

電車で約3分
鎌倉駅から電車で1駅の
北鎌倉駅は関東の駅百
選のひとつ

9:05 北鎌倉駅

徒歩約1分
駅の東口を出て目の前に
円覚寺の総門がお出迎え

9:10 円覚寺

徒歩約6分
駅の西側に延びる鎌倉街
道沿いを鎌倉駅方面へ

10:30 浄智寺

徒歩約5分
ゆるやかな坂が続く明月
院通りを歩く

11:30 明月院

徒歩約15分
歩道があまり広くないの
で譲り合って歩こう

13:00 建長寺

徒歩約5分
円応寺は建長寺の斜め
向い。やや急な石段が続
くので注意して上ろう

14:30 円応寺

徒歩約18分
鎌倉街道を南下し、小町
通りを抜け鎌倉駅へ

17:30 鎌倉駅

プランニングのアドバイス

山深い北鎌倉の古刹を巡るな
ら、1日目同様に歩きやすい服
装で。北鎌倉には有名な寺院が
集中しているので鎌倉駅方面
に南下しながら効率よく巡りた
い。また、鎌倉街道沿いには風
情ある古都ならではのショップ
や、落ち着いた雰囲気のカフェ
が点在しているので、散策途中
のひと休みにもおすすめだ。浄
智寺の奥に広がるハイキングコー
スは葛原岡神社、銭洗弁財
天、高徳院の鎌倉大仏をつない
でおり、山歩きを楽しみながら
見どころを満喫できる。

鎌倉で唯一の
国宝建築を擁する寺院へ

円覚寺 ➡P.45
えんがくじ

弘安5年(1282)の創建で、鎌倉五山第二
位。国宝の舎利殿を筆頭とした荘厳な境内
の建物は、その規模の
大きさにも圧倒される。
夏目漱石や川端康成な
どの文学作品の舞台に
もなった。

季節の花々も美しい
北鎌倉の名刹を巡る

浄智寺 ➡P.52
じょうちじ

鎌倉五山第四位。長
い石段の先には中国
様式の山門が迎える。
仏殿に安置されたご
本尊の木造三世仏坐
像は必見。

明月院 ➡P.52
めいげついん

永暦元年(1160)創建の明月庵が起源とい
われる。梅雨時期に境内一面に咲くアジ
サイの青は「明月院ブルー」と呼ばれる。

鎌倉五山の第一位
日本最初期の禅宗専門寺院

建長寺 ➡P.48
けんちょうじ

広大な寺域を有する、臨済宗建長寺派の総本山。境
内は重厚な建物が連なり、国指定重要文化財の三
門、国の名勝指定の方丈庭園など見どころも多い。

透かし彫りの金具が
まばゆい唐門

運慶の作と伝わる
閻魔大王坐像を祀る

円応寺 ➡P.53
えんのうじ

建長2年(1250)開山。ご本尊の閻魔大
王像ほか、亡者が冥界で出会うとさ
れる十王の像を安置する。

鎌倉文士の足跡をたどる1日プラン

鎌倉文士ともゆかりが深い長谷・由比ヶ浜エリアを散策する。

川端康成や大佛次郎らが暮らした由比ヶ浜へ

9:50 由比ヶ浜駅

徒歩約7分
鎌倉駅から由比ヶ浜駅まで江ノ電に乗車。鎌倉文学館と吉屋信子記念館の間は徒歩約5分

10:00 吉屋信子記念館

徒歩約10分
途中にある甘縄神明神社などにも立ち寄りたい

12:00 長谷寺

徒歩約6分
おみやげ店が並ぶ長谷通り沿いを歩く

15:30 高徳院

徒歩約6分
光則寺などにも立ち寄りたい

17:00 長谷駅

吉屋信子記念館 → P.107
よしやのぶこきねんかん

女流歴史作家として活躍した吉屋信子が晩年を過ごした邸宅。愛用品などは、本人の遺志により当時のまま保存されている。

窓が広く、天井のデザインが特徴的な応接室

プランニングのアドバイス

由比ヶ浜エリアは鎌倉でも人気がある地域で、多くの観光客で賑わう。アジサイのシーズンや連休時には、江ノ電をはじめ、たいへん混雑するので余裕あるプランを立てたい。王道ルートを巡ったあとの時間に余裕があれば、花寺として有名な光則寺など個性的な寺社のほか、由比ヶ浜海岸にも足を延ばしたい。長谷駅周辺で夕食を楽しむ。また、七里ヶ浜周辺の眺望が良いレストランもおすすめ。その後は江ノ電に乗って、鎌倉駅や藤沢駅へ向かい、帰途に着く。

写経のあとは、美しい境内を散策

長谷寺 → P.63
はせでら

境内にある書院で写経ができる。般若心経は所要約1時間30分ほど。また長谷寺境内には、経蔵や観音堂など、見るべきスポットも多い。

写経の用具は借りられるので、手ぶらで大丈夫

与謝野晶子も称賛した美男の大仏様に出会う

高徳院 → P.62
こうとくいん

大仏自体の高さは11.3m、重さ121tを誇り、胎内も見学することができる。大仏の裏手には、与謝野晶子の歌碑が立つ。

仁王門の中には仁王像がいます

日帰り

潮風を浴びて海景色を楽しむ1日プラン

江の島から稲村ヶ崎へ青い海を眺めながら歩く。

10:00 江ノ島駅

徒歩約15分
小田急・片瀬江ノ島駅、
湘南モノレール・湘南江
の島駅も利用できる

10:30 江の島

徒歩約30分
江島神社（辺津宮）から満
福寺まで

14:30 七里ヶ浜

徒歩約40分
満福寺から海沿いの道を
歩き、稲村ヶ崎を目指す。
腰越駅～稲村ヶ崎駅間
は江ノ電も走っているの
で、こちらの利用もおす
すめ

16:30 稲村ヶ崎

徒歩約3分
海沿いを鎌倉方面まで歩
く場合、長谷駅まで徒歩
20分ほど

17:00 稲村ヶ崎駅

プランニングのアドバイス

稲村ヶ崎からの夕景を見られる
ように、日没から逆算してプラ
ンを立てたい。江の島は広く見
どころも多いので、半日程度は
確保しておきたい。島内は起伏
が多いので、歩きやすい服装で。
江の島から稲村ヶ崎へは距離が
あるが、江ノ電も利用すれば楽
だ。江の島、稲村ヶ崎～七里ヶ
浜周辺には、海が一望できるレ
ストランが点在する。また鎌倉
名物の「しらす」料理を出す店
も多い。休日は行列覚悟で。

賑わう参道を歩いて江の島観光へ

江島神社（辺津宮） ➡P.80
えのしまじんじゃ（へつみや）

辺津宮、中津
宮、奥津宮か
らなる。辺津
宮にある八臂、
妙音両弁財天
は必見だ。

古刹を訪ね七里ヶ浜へ向けて歩く

満福寺 ➡P.75
まんぷくじ

源義経がこの寺で兄・頼朝に「腰越
状」を書いたことで知られる。

満福寺の参道をゆっ
くりと横切る江ノ電

江の島サムエル・コッキング苑 ➡P.80
えのしまサムエル・コッキングえん

明治時代にあっ
た大庭園を公園
として整備。江
の島シーキャン
ドル（展望灯台）
からの眺めは抜
群。イベントご
とのライトアッ
プもおすすめ。

江の島シーキャンドル（展望灯台）から望む江の島大
橋。展望フロアからは360度の大パノラマが楽しめる

鎌倉屈指の絶景を眺めてかつての古戦場へ

稲村ヶ崎 ➡P.74
いなむらがさき

新田義貞の鎌倉攻めで知られる戦の
地。景勝地でもあり、今は海浜公園
として整備されている。

稲村ヶ崎から望む江の島と富士山。
雪化粧した富士山もたいへん美しい

古都に花と紅葉を見る

鎌倉・四季

爛漫と咲く花々や、燃えるように色づく紅葉は、
いつの時代も人々に季節の移ろいを告げ、心に安らぎをもたらしてきた。
寺社や街なかの無数の木々が、今も古都・鎌倉をあでやかに彩る。

山や街を
薄紅色に染める
桜舞う春景色

FOUR SEASONS

桜のほか、桃やカイドウなどが
次々と開花し、境内や参道は
華やかに色づく。

一度は見ておきたい
桜並木に包まれた名刹
建長寺 ➡P.48
けんちょうじ

北鎌倉 **MAP** 付録P.5 E-3

桜
サクラ

参道は華やかな桜並木で覆われ、
風格ある三門と桜が織りなす光景
が目を奪う。半僧坊に続く参道の
桜も見どころ。

↑境内の桜の数は約300本。優美な花が重
厚な建長寺の建物をやさしく包み込む

➡3月頃に
花をつける
三門脇のオ
カメザクラ

⬅総門から三門までの参道に、ソメイヨシ
ノが桜のアーチを形づくる

23

桜
サクラ

桜
サクラ

大殿を中心に
広い境内が春一色に
光明寺 ➡P.70
こうみょうじ

材木座 MAP 付録P.15 D-4

花見の時期は鎌倉最大級の
山門が公開され、楼上から
見渡す桜は格別。

参道中ほどから見上げる
大仏と桜が絶妙
高徳院 ➡P.62
こうとくいん

長谷 MAP 付録P.12 C-2

約50本の桜が境内を彩る。なかでも
大仏を背景に咲く桜が美しく、春の
鎌倉を象徴する風景となっている。

薄紅色で上品な
貫禄ある古木の美しさ
光則寺 ➡P.65
こうそくじ

海棠
カイドウ

長谷 MAP 付録P.12 B-3

カイドウの寺として知られ
る。本堂前のカイドウは樹
齢約200年を誇り、こぼれん
ばかりに花をつける。市の
天然記念物に指定。

⬆ 見頃は4月上旬頃。桜より
も遅咲きで、開花時期も長め

➡ うつむき加減でしおらしい姿か
ら、中国では美人の形容詞とも

鎌倉一の「つつじ寺」
華麗な赤紫の花は圧巻

安養院 ➡P.72
あんよういん

大町 **MAP** 付録P.15 D-1

境内を埋め尽くすほどの背
の高いオオムラサキツツジ
が、一斉に大輪の花を咲か
せる。本堂の裏手にある宝
篋印塔周辺も趣深い。

躑躅
ツツジ

⬆総門から本堂まで、境内の一面にツツジが咲く。GW前後が見頃

初夏の訪れを告げる
目の覚めるような白藤

英勝寺 ➡P.58
えいしょうじ

扇ガ谷 **MAP** 付録P.7 F-2

境内の奥にある書院の軒先
に、鎌倉でも珍しい白藤の
大きな藤棚が広がる。例年
4月下旬から5月上旬にかけ
て見頃を迎える。

白藤
シロフジ

⬆花房が隣の竹林とともにさわさ
わと風に揺れる様子は幻想的

➡仏殿の奥に広がる竹
林も寺院の見どころ

あでやかに
境内を彩る花々

初夏の華やぎ

FOUR SEASONS

風情ある境内に色を添える
アジサイや花菖蒲。
明月院や長谷寺周辺などは、
特に見応えがある。

↑御霊神社前。柵から身を
乗り出したり、線路内に立
ち入らないように注意して

アジサイの目の前を
路面電車が駆ける

江ノ電 ➡P.84
えのでん

紫陽花
アジサイ

アジサイの開花時期には、沿線で
アジサイと江ノ電のコラボレーシ
ョンが見られる。特に見どころが
多いのは極楽寺駅〜長谷駅間。

↑総門から山門へと続く石段。鮮やかな青色が梅雨時期の暑さに涼をもたらす

「明月院ブルー」と呼ばれる
神秘的な青色が魅力

明月院 ●P.52   ◆紫陽花
めいげついん   アジサイ

北鎌倉 **MAP** 付録P.5 D-2

「あじさい寺」とも呼ばれ、青色のヒメ
アジサイを中心に約2500株のアジサイ
が咲く。拝観は平日午前中がおすすめ。

◆紫陽花
アジサイ

↑紫、青、白と色のグラデーションが広がる

静寂の境内を彩る
深い緑のなかのアジサイ

浄智寺 ●P.52   ◆紫陽花
じょうちじ   アジサイ

北鎌倉 **MAP** 付録P.4 C-3

総門前にある「甘露の井」そばのガクア
ジサイが美しい。石段や山門前でも、し
っとりと咲くアジサイが見られる。
←森に覆われた境内に彩りを添える

境内の広範囲に
多彩なアジサイが群生

長谷寺 ●P.63
はせでら

長谷 **MAP** 付録P.12 B-3

40種以上約2500株のアジサイは
壮観。散策路を歩きながら、色と
りどりの花を観賞できる。

深紅と黄金色の
コントラスト
錦秋の輝き

〰〰〰

FOUR SEASONS

冷たい北風が吹き始めると、
山々が徐々に色づき始める。
北鎌倉や金沢街道・
二階堂周辺の散策が楽しい。

➡鐘楼は山門
から境内に入
り右側へ。周
辺には季節の
花々が咲く

重厚な色彩のコントラスト
鐘楼を彩るモミジ
海蔵寺 ➡P.59
かいぞうじ

◆紅葉◆
モミジ

扇ガ谷 **MAP** 付録P.7 E-1

参道から境内まで、深紅の紅葉が続く。
鐘楼近くの大木は燃えるように美しい。

➡山門を入るとすぐに見える、赤
い番傘と真っ赤なモミジが印象的

紅葉
モミジ

円窓からのぞく紅葉は
絵画のような幽玄さ

明月院 ➡P.52

めいげついん

北鎌倉 MAP 付録P.5 D-2

2つの庭園があり、いたる場所で
木々が色づく。なかでも本堂の
「悟りの窓」から見る後庭園の紅
葉が、ひときわ高い人気を誇る。

紅葉やカエデがつくる
紅天井が有名

紅葉
モミジ

鎌倉宮 ➡P.68

かまくらぐう

二階堂 MAP 付録P.10 C-2

鎌倉屈指の紅葉の名所。社務所
前を真っ赤に覆うイロハモミジ
の「紅天井」が見事。

⤴まるで紅葉に包まれたよう。妙
智池、放生池に映る紅葉も必見

静かな真言宗寺院
不動堂横の紅葉は必見

紅葉
モミジ

浄光明寺 ➡P.58

じょうこうみょうじ

扇ガ谷 MAP 付録P.7 F-2

境内の随所が赤く染まり、特に
不動堂周辺が鮮やか。鐘楼や山
門を彩る紅葉も風情がある。

⤴不動明王を祀る不動堂そ
ばの紅葉。秋は萩や彼岸花も
美しく咲く

⤴後庭園は花菖蒲の開花時期、紅葉
の時期に合わせて公開される

⤵山号「錦屏山」の由来は、周りの山々
の紅葉が錦屏風のように美しいことから

山々の秋景色が趣深い
昔ながらの紅葉の名勝

紅葉
モミジ

瑞泉寺 ➡P.69

ずいせんじ

二階堂 MAP 付録P.11 E-2

あたり一帯が紅葉の名所で、境内
のほか周辺の山々も錦色に染ま
る。色づくのはやや遅め。

⤴山門手前に
ある手水鉢

青空に映える花々
早春の訪れ

FOUR SEASONS

冬の澄みわたった
青空の下で、白梅や紅梅が
輝くように咲き誇る。
春はすぐそこまで来ている。

厳しい寒さのなかに咲く
独特の形をした花姿

満作
マンサク

長谷寺 ➡P.63
はせでら

長谷 **MAP** 付録P.12 B-3

上境内海光庵の脇でひときわ目を
引く黄色い花。細長い花弁が特徴。

⬇経蔵近くにあるマンサク。立春
を過ぎた頃から咲き始める

梅
ウメ

端正で色鮮やか
日蓮宗の名刹を彩る

妙本寺 ➡P.71
みょうほんじ

大町 **MAP** 付録P.9 D-4

数はさほど多くないが、祖師堂
に向かって左側に梅の木が並び、
紅白の梅が端正な花を咲かせる。

鎌倉の奥座敷で
優美なしだれ梅を愛でる

海蔵寺 ➡P.59
かいぞうじ

扇ガ谷 **MAP** 付録P.7 E-1

梅
ウメ

紅白の梅のコントラストが
鮮やか。特に山門脇のしだ
れ梅が素晴らしい。
⬇大きく垂れた枝に無数の花が咲く

⬆祖師堂近くのほか、日蓮聖人の銅像近くにも紅梅が見られる

特集●鎌倉・四季

道真公にちなんだ
紅白の梅の花が競演

荏柄天神社 ⇒P.68
えがらてんじんしゃ

二階堂 MAP 付録P.10 B-2

御祭神の菅原道真公にちなみ、多くの梅が
植えられている。拝殿右手に「寒紅梅」、左
手には小ぶりの白梅「古代青軸」が咲く。

梅
ウメ

↑拝殿右手の寒紅梅。鎌倉でいちばん早く
咲く梅ともいわれる

↑朱色の拝殿と梅のコラボレーション。合
格祈願に来た受験生を出迎える

早春の境内に色づく
ろう細工に似た黄色い花

収玄寺
しゅうげんじ

蝋梅
ロウバイ

長谷 MAP 付録P.12 B-3

「四條金吾邸跡」の石碑前や山門脇
で、枝いっぱいに愛らしい黄色の
花をつける。甘い香りも魅力。

☎0467-25-3238
所鎌倉市長谷2-15-12 開7:30〜日没 休無休 料無
料 交江ノ電・長谷駅から徒歩1分 Pなし

四季折々の花が見
られるが、ロウバ
イの見頃は1月下
旬〜2月頃

❖ KAMAKURA NEWS & TOPICS

ニュース＆トピックス

鎌倉でいま注目のスポットを紹介。合掌造りの古民家施設やアンティークの
博物館、鎌倉らしい和カフェなど盛りだくさん。旅の予定に取り入れたい。

合掌造りの建物の前には、
新緑の大きな庭が広がる

合掌造りの 古民家 を利用した 五感を刺激する新拠点

緑と海に囲まれた自然あふれる鎌倉に
新たな複合施設がオープン。

WITH KAMAKURA
ウィズ カマクラ

2023年1月オープン

WITH御膳2500円。鎌倉野菜をふ
んだんに使用したランチメニュー

岐阜県白川郷から移築された古民家を
リノベーション。衣・食・住・遊・働に
まつわる体験ができる複合施設になっ
ている。カフェ、ショップ、ヨガスタ
ジオ、コワーキングスペースが集結。

坂ノ下 **MAP** 付録 P.12 B-3
☎0467-33-5521 ㊟鎌倉市坂ノ下3-7
🕘9:00～18:00(金曜10:00～) 休無休
🚉江ノ電・長谷駅から徒歩6分 Ｐなし

常設のカフェのほかに、上映会
や展示会としても利用される

1階には薪ストーブがある。
周りの柱や梁は200年以上前
のものをそのまま使っている

建築家・隈研吾が手がけた アンティークの 博物館

鶴岡八幡宮から徒歩1分、鎌倉の
メインストリート沿いに位置する

英国アンティーク博物館 BAM 鎌倉
えいこくアンティークはくぶつかん バム かまくら

2022年9月オープン

100年以上の歴史を持つ本物の英国
アンティークを約1000点展示する博
物館。なかでも原作に基づいて忠実
に再現された「シャーロック・ホー
ムズの部屋」は必見！

雪ノ下 **MAP** 付録 P.9 D-2
☎0467-84-8689 ㊟鎌倉市雪ノ下1-11-4-1
🕘10:00～17:00(最終入館16:30) 休無休
💴1300円 🚉JR鎌倉駅から徒歩10分 Ｐなし

原作に基づいて再現された
シャーロック・ホームズの部屋

ミュージアムショップで買える
グッズもお見逃しなく！写真は
ディアストーカー1万6500円

枯山水に水を流した 新発想の 和カフェ

RURU KAMAKURA
ルル カマクラ

2023年8月オープン

ウォーターテーブルの和カフェ。注文した商
品を浮かべて楽しむスタイルが人気を博す。
羊羹にみたてたテリーヌがイチオシ。抹茶、
ほうじ茶、チーズの3種類がある。

雪ノ下 **MAP** 付録 P.8 C-2
☎0467-39-6396 ㊟鎌倉市雪ノ下1-6-28 ランプ雪
ノ下 2A 🕘11:00～17:00 休不定休
🚉JR鎌倉駅から徒歩6分 Ｐなし

日本庭園の枯山水の上
に水を流し「濡山水」
とよんでいる

羊羹テリーヌ800円
とお抹茶ラテ800円

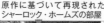

歩く・観る

❖

かつて武家政権の中心として
一時代を築いた鎌倉には、
鶴岡八幡宮を筆頭に、
美しい古寺名刹が点在する。
路地や山里、海辺を散策したり、
江ノ電に乗ったり…、
訪れるたびに、新しい発見があるはず。

山と海に
恵まれた、美しい
古都を散策

鎌倉駅・若宮大路周辺

鎌倉で最も賑わうエリアを歩く

かまくらえき・わかみやおおじしゅうへん

豊かな歴史と伝統が薫る鶴岡八幡宮を中心に、
参道・若宮大路、名物グルメやご当地グッズを扱う店が
立ち並ぶ小町通りなど、鎌倉観光の王道エリアへ。

歩く・観る●鎌倉駅・若宮大路周辺

⬆源頼朝が奉納したのが始まりとされている流鏑馬神事(9月例大祭)

国の重要文化財である本宮や若
宮などの御社殿を拝観

季節の行事や境内を彩る花々の
開花時期に合わせて訪れたい

境内にある宝物殿や鎌倉国宝
館、鎌倉文華館 鶴岡ミュージア
ムを訪れたい

街の中心に鎮座する
源氏の氏神様

鶴岡八幡宮

つるがおかはちまんぐう

**鎌倉幕府興亡の歴史を見守り
武将が崇拝した神社**

　平安中期の康平6年(1063)、奥州平定を
遂げた 源 頼義が、源氏の氏神である石清
水八幡宮を由比郷(由比ヶ浜辺)に勧請したの
が鶴岡八幡宮の起源とされる。その約100年
後の治承4年(1180)、鎌倉入りした 源 頼
朝は、鶴岡八幡宮を現在の地に遷し、八幡宮
を基点にして鎌倉の町づくりを行った。
　建久2年(1191)の鎌倉の大火で御社殿が
焼失すると、背後の大臣山を切り崩して上宮
(本宮)を造営。上宮・下宮(若宮)の両宮から
なる現在の姿に整った。翌年の建久3年
(1192)に源頼朝は征夷大将軍となり、源氏
とともに鶴岡八幡宮も大きく繁栄する。鎌倉
幕府滅亡後は豊臣家や徳川家ら武家の庇護を
受けた。現存する御社殿は江戸時代の再建
だ。極彩色の彫刻がきらびやかな本宮と若宮
は、代表的な江戸建築として国の重要文化財
に指定。

若宮大路周辺 **MAP** 付録P.9 D-1

☎0467-22-0315 ⑰鎌倉市雪ノ下2-1-31 ⑥6:00～
20:30、宝物殿9:00～16:00 ⑲無休 ⑭拝観無料(宝物
殿200円) ⑲JR鎌倉駅から徒歩10分 ⑫あり

縦書き: 鶴岡八幡宮

緑に包まれた風格ある赤い
御社殿は、鎌倉のシンボル
的存在

鶴岡八幡宮 主な年中祭祀

1月4日　手斧始式
鎌倉の工事始め。建築業者が1年の工
事の安全を祈願し、儀式を行う。

1月5日　除魔神事
装束姿の射手が裏に鬼の文字を封じた
大的を射る。

5月5日　菖蒲祭
無病息災を祈願し、舞殿で舞楽が奉納
される。

6月30日　大 祓
心身の穢れを清める茅の輪くぐりが行
われる。

8月立秋前日～9日　ぼんぼり祭
著名人が書画を奉納したぼんぼりが参
道に灯る。

9月14～16日　例大祭
最も重要な祭典。宵宮祭や神幸祭、流
鏑馬神事が行われる。

9月15日　神幸祭
神輿行列が二ノ鳥居まで進み、八乙女
が神楽を奉納する。

9月16日　流鏑馬神事
鎌倉武士さながらの狩装束姿で馬上か
ら的を射る神事。

10月28日　白旗神社文墨祭
歌人としても名高い源実朝公を偲び、
多くの人が集う。

12月16日　御鎮座記念祭
本宮で祭典を行い、舞殿北庭にて御神
楽を奉奏する。

12月31日　大 祓
日頃の罪穢を人形(ひとがた)に移し祓
い清める。

見どころもご利益もしっかりチェック!!

鶴岡八幡宮を
参拝しよう

約800年の歴史を感じさせる名所が点在する境内。神の使いとされる「鳩」のモチーフも探してみて。

○通行はできない

1 太鼓橋
たいこばし

人々と神を結ぶ神聖な架け橋

三ノ鳥居のそば、源平池の中央にあり、神の通り道とされる橋。参拝者は左右の橋を渡る。創建時は朱塗りの板橋だった。

2 旗上弁財天社
はたあげべんざいてんしゃ

5月上旬には藤棚がきれい

源氏池の島に弁財天を祀る。頼朝が伊豆で平氏追討の挙兵を決意し、旗上げしたことにちなんだ。昭和55年(1980)の鶴岡八幡宮創建800年記念に復元。

○芸事・学問のご利益のほか子授けや夫婦円満のご利益もある

3 白旗神社
しらはたじんじゃ

学業成就や必勝を祈願

源 頼朝、実朝両公を祀る。黒塗りの社殿が周囲の緑に包まれ目を引く。白旗とは源氏の旗で、社殿には家紋の笹りんどうが見られる。現存の建物は明治21年(1888)造営。

○鎌倉市西御門にも同名の神社がある

地図

北鎌倉 🚉

・宝物殿

⑦ 本宮

・丸山稲荷社

楼門

「親」銀杏と「子」銀杏 ⑥

・祖霊社

④ 若宮

舞殿 ⑤

③ 白旗神社

・手水舎

・休憩所

・社務所

・研修道場

鎌倉文華館 鶴岡ミュージアム
café & shop

P.98
★鎌倉国宝館

⑧ 鎌倉文華館
鶴岡ミュージアム

・流鏑馬馬場

平家池

源氏池

茶寮 風の杜・

太鼓橋 ①

② 旗上弁財天社

・三ノ鳥居

N

0 ─── 50r

・段葛

・神苑ぼたん庭園

🚉 鎌倉駅

鶴岡八幡宮

5 舞殿
まいでん

悲恋物語の舞台となった

静 御前が歌い舞ったとされる若宮廻廊跡に建つ。下拝殿ともいい、祭事が執り行われる。4月の鎌倉まつりでは「静の舞」が披露される。

○現在は結婚式や奉納行事にも使われている

4 若宮
わかみや

流権現造の立派な構え

建久2年(1191)、頼朝により現在の地に祀られた。拝殿、幣殿、本殿が連なる流権現造。仁徳天皇など4神を祀る。

○徳川3代将軍・家光の時代に再建された。彫刻も見事だ

お守りをチェック

仕事守

流鏑馬で的を射るように良い仕事を射抜けるよう祈願。1000円

鳩鈴守

八幡様の使いとされる鳩がモチーフになった開運のお守り。1000円

注目ポイント

義経への愛の証し「静の舞」
鎌倉に囚われた義経の愛妾・静御前。義経の居場所に口を閉ざし、頼朝に舞を命じられると、義経への恋心を込めて舞ったという。

歩く・観る●鎌倉駅・若宮大路周辺

↑幹部分の「親」(左)と若木の「子」(右)

6 「親」銀杏と「子」銀杏
「おや」いちょうと「こ」いちょう

隠れ銀杏と呼ばれた御神木

2010年に強風で倒れた、樹齢1000年といわれる大銀杏。その幹部分を根付かせる試みと、若木を育てる試みが行われている。

8 鎌倉文華館 鶴岡ミュージアム
かまくらぶんかかんつるがおかミュージアム

鎌倉の文化発信の新拠点

旧県立近代美術館鎌倉館を改修し、鎌倉ゆかりの展示を行う。源平池周辺にはカフェも点在。

若宮大路周辺 **MAP** 付録P.9 D-1
☎0467-55-9030 所鎌倉市雪ノ下2-1-53 時10:00〜16:30(入館は〜16:00) 休月曜(祝日の場合は開館)、展示替え期間 料展示により変動 交JR鎌倉駅から徒歩10分 Pなし

平家池そばに建つ。近代建築が目印↓

↑大石段の上に建つ鮮やかな楼門。振り返れば鎌倉の街並み。門の中は撮影禁止だ

7 本宮
ほんぐう

鎌倉の中心に建つ華麗な江戸建築

八幡大神を祀る。若宮と同じ流権現造に廻廊をめぐらせている。現在の社殿は文政11年(1828)の造営。極彩色の彫刻を随所に施している。

ここにも注目したい

鶴岡八幡宮に続く 若宮大路と段葛
わかみやおおじ・だんかずら

自然豊かで、道幅が広く歩きやすい

由比ヶ浜から鶴岡八幡宮までまっすぐに約2km続く若宮大路は、養和2年(1182)に源頼朝が造営したものだ。道の中央には、妻・政子の安産祈願を込めて段葛が設けられた。段葛とは敷石で一段高くした参道で、神様や将軍などの貴人のみが通行を許された。参道全長に設けていた段葛は、現在は二ノ鳥居から三ノ鳥居までの約500mのみ保存。春には両脇の桜並木が色を添える。

鶴岡八幡宮

季節ごとの美しい花々を見に行きたい！

春の桜から冬のボタンまで、春夏秋冬それぞれに魅力的な彩りがある。

鶴岡八幡宮で見たい花々

桜	3月下旬〜4月上旬
蓮	7月下旬〜8月中旬
紅葉	11月下旬〜12月中旬
冬ボタン	1月上旬〜2月下旬

※開花時期は目安です

1. 源平池の岸をピンク色に染める桜
2. 梅雨が明ける頃、源平池の蓮が開花
3. 冬ボタンは神苑ぼたん庭園で

↓鎌倉駅東口から鶴岡八幡宮へ延びる
小町通りは、大勢の観光客で賑わう

賑わう街角と名刹を巡る

鎌倉駅から、鶴岡八幡宮を目指す。
活気あふれる小町通りはもちろん、
風情ある路地も鎌倉ならでは。

さまざまなご利益を授かり、グルメとグッズで幸せを充電

鎌倉駅を出発し、約4時間のおさんぽへ。源頼朝ゆかりの地や、安産、無病息災などにご利益があるお寺などを巡る。昔の鎌倉に思いを馳せながらのんびり歩いてみよう。

↑鎌倉駅東口には昔ながらのアーケード商店街もある

---

1 安産を願う人々が訪れる

大巧寺
だいぎょうじ

MAP 付録P.8 C-3

「おんめさま」の名で親しまれる産女霊神を祀り、安産祈願の寺として知られる。こぢんまりとした境内は季節の花が美しい。

☎0467-22-0639 所鎌倉市小町1-9-28
時9:00～17:00 休無休 料無料
交JR鎌倉駅から徒歩3分 Pあり

↑椿やアジサイなど多彩な花が咲く

---

2 荒修行地の池が残る

妙隆寺
みょうりゅうじ

MAP 付録P.9 D-2

至徳2年(1385)創建の日蓮宗寺院。第二祖久遠成院日親上人が、100日間お経を読み、水行を行ったとされる池がある。

☎0467-23-3195 所鎌倉市小町2-17-20
時休料境内自由 交JR鎌倉駅から徒歩8分
Pなし

↑鎌倉・江の島七福神の寿老人を祀る

---

4 萩の寺として知られる

宝戒寺
ほうかいじ

MAP 付録P.9 E-2

滅亡した北条氏の慰霊のため、後醍醐天皇が足利尊氏に建立させた。本尊の地蔵菩薩は、安産子育などにご利益があるとされる。

☎0467-22-5512 所鎌倉市小町3-5-22
時9:30～16:30(10～3月は～16:00) 休無休 料300円 交JR鎌倉駅から徒歩13分
Pなし

↑秋になると境内は萩の花で彩られる

---

3 鎌倉幕府最後の地

若宮大路幕府跡
わかみやおおじばくふあと

MAP 付録P.9 D-2

鎌倉幕府の2回目の移転地。嘉禎2年(1236)から幕府が滅亡する元弘3年(1333)まで、北条氏による執権政治の中枢となった。

所鎌倉市雪ノ下1-11 交JR鎌倉駅から徒歩10分
Pなし

今では幕府跡を示す石碑が残るのみ

- 北鎌倉駅
- 妙伝寺卍
- 鶴岡文庫
- P.58 浄光明寺卍
- 八幡宮裏
- 祖霊社卍
- ⑥ 鶴岡八幡宮
- ⑤ 源頼朝の墓
- 法華堂跡
- 白旗神社卍
- P.141 山安 鎌倉店 S
- 鉄の井
- 白旗神社卍
- 横浜国大附属鎌倉中 ⊗
- 清泉小 ⊗
- お宮通り
- 鎌倉市川喜多 映画記念館 ⑦
- 平家池
- ★ 鎌倉国宝館 P.98
- 横浜国大附属鎌倉小 ⊗
- ▲源氏山
- 源実朝・北条政子墓
- P.58 寿福寺卍
- 岩窟不動卍
- 源氏池
- 八幡宮前
- 岐れ道 岐れ路
- 八坂神社卍
- 八幡宮前
- S 博古堂 P.145
- 大御堂橋
- P.114 創作和料理 近藤 R
- S 吾妻屋 P.145
- 田楽辻子のみち
- P.103 鎌倉市鏑木清方 記念美術館 ★
- 八幡宮
- 大学前
- S 上生御菓子処 美鈴 P.148
- 聖ミカエル教会卍
- 巽神社卍
- シャングリラ H
- ④ 宝戒寺
- 横須賀線
- 鶴ヶ岡会館
- ⑧ 小町通り
- ③ 若宮大路幕府跡
- レデンプトリスチン 修道院卍
- 鎌倉駅 START&GOAL
- 若宮大路
- カトリック雪ノ下教会卍
- ② 妙隆寺
- ★ 鎌倉彫 資料館 P.96
- 諏訪神社卍
- ホテルニューカマクラ H
- 紀ノ国屋
- 日蓮辻説法跡
- 市役所前
- 市役所通り 市役所前
- 駅入口
- 鎌倉市役所
- 駅西口
- ① 大巧寺
- 蛇苦止堂卍
- 御成小
- ふれあい鎌倉 ホスピタル
- 東急ストア S
- 御成小前
- 郵便局前
- P.72 本覚寺卍
- P.71 妙本寺卍
- 佐助川
- 江ノ島電鉄
- 江ノ島駅▶ 逗子駅▶
- N
- 0 200m

⑤ ひっそりと立つ将軍の墓

源頼朝の墓

みなもとのよりとものはか

MAP 付録P.9 F-1

かつて源頼朝の菩提を弔う法華堂があったとされる。頼朝の墓と伝わる5層の石塔は江戸時代に島津重豪によって整備された。

所鎌倉市西御門2 料見学自由 交岐れ道バス停から徒歩5分 Pなし

●かつては頼朝の持仏堂があった場所

⑥ 鎌倉のシンボル的存在

鶴岡八幡宮 ➡P.35

つるがおかはちまんぐう

⑦ 映画ファン必見の記念館

鎌倉市川喜多映画記念館 ➡P.112

かまくらしかわきたえいがきねんかん

⑧ 買い物やグルメに

小町通り ➡P.40

こまちどおり

●多くの観光客で賑わう小町通り

歩く時間◆約45分

さんぽコース

鎌倉駅
↓ 徒歩約3分
① 大巧寺
↓ 徒歩約6分
② 妙隆寺
↓ 徒歩約5分
③ 若宮大路幕府跡
↓ 徒歩約4分
④ 宝戒寺
↓ 徒歩約10分
⑤ 源頼朝の墓
↓ 徒歩約8分
⑥ 鶴岡八幡宮
↓ 徒歩約5分
⑦ 鎌倉市川喜多映画記念館
↓ 徒歩約2分
⑧ 小町通り(約600m)
↓ 徒歩約1分
鎌倉駅

※上記の「歩く時間」は神社仏閣／施設などの入口までの目安です。見学時間などは含みません。

観光客で賑わう小町通り。グルメや鎌倉らしいアイテムが並ぶ店が充実している

A **すし処 きみ**
すしどころ きみ
MAP 本書P.41

四季と旬を味わう絶品寿司

➡P.116

↩ 若宮大路の西側に広がる小町通りは鎌倉随一のショッピングロード

古都の繁華街でグルメ&ショッピング

活気あふれる小町通りと若宮大路へ

こまちどおり
わかみやおおじ

鎌倉駅の東側に広がる人気の観光エリア。カフェやみやげ店、食事処が軒を連ね、食べ歩きに買い物に、目移りが止まらない。

若宮大路は由比ヶ浜から鶴岡八幡宮へ続く、平安京の朱雀大路を模した参道

江ノ島電鉄

横須賀線

B **イワタコーヒー店**
イワタコーヒーてん
MAP 本書P.41

名物ホットケーキでひと息

➡P.111

C **豊島屋 本店**
としまや ほんてん
MAP 本書P.41

鳩サブレーで知られる

➡P.150

D パーラー扉
パーラーとびら
MAP 本書P.41
創業60年の老舗パーラー

→ P.111

E 鎌倉 秋本
かまくら あきもと
MAP 本書P.41
鎌倉の山海の幸を味わう

→ P.118

F 天ぷら ひろみ
てんぷら ひろみ
MAP 本書P.41
文化人が通った名店

→ P.111

G とんかつ 小満ち
とんかつ こまち
MAP 本書P.41
銀幕のスターも訪れた

→ P.110

鎌倉駅

0　　　　50m

パーラー扉 D
鎌倉秋本 E
天ぷらひろみ F
とんかつ小満ち G

ワンダーバーグ

鎌倉ハム富岡商会小町本店会 L

K MAISON CACAO

N 味くら 小町通り店

J 菓子舗 日影茶屋 鎌倉小町店 R

鎌倉市観光案内所

駅

レンタサイクル 鎌倉駅前店 P.154

S 東急ストア

A すし処 きみ

B イワタコーヒー店

鎌倉駅前本館 鎌倉ニュージャーマン

鎌倉 山下飯店 R

R 納言志るこ店

mille mele 鎌倉小町店 S

H 鎌倉八座

★ 鎌倉・吉兆庵美術館 P.103

鎌倉五郎本店 I

小町通り

S 白帆鎌倉

S ジェラテリア・イル・ブリガンテ

R 玉子焼き おざわ

鎌倉ごはん 海月 R

C 豊島屋 本店

C 豊島屋菓寮 八十小路

レオニダス鎌倉店 S

鶴ヶ岡会館

郵便局前

駅入口

二ノ鳥居前 二ノ鳥居

S SEITA PLUS

若宮大路

★ 鎌倉彫資料館 P.96　♦若宮大路

P.42

活気あふれる小町通りと若宮大路へ

H 鎌倉八座
かまくらはちざ
MAP 本書P.41
縁起物が揃うショップ

末広がりの「八」の要素を取り入れた縁起の良いおみやげなどを扱う。鎌倉のほか神奈川県にまつわる雑貨、工芸品、食品が揃い、オリジナル商品も充実。

☎0467-84-7766　所鎌倉市小町1-7-3　◷9:30～18:30　休無休　交JR鎌倉駅から徒歩3分

↑鳩しるべ(白、桃)各550円。陶製のハトの中に、鎌倉にちなんだお告げの紙が入っている

↑ハトをモチーフにした菱紋が特徴の鎌倉はとふきん各550円。ハトのなかにリスが隠れているものも

↑鎌倉 ハニカムコーヒー804円。オリジナルの3種類の味が楽しめる

←店内に入って、まず目に入る八角形の商品棚

I 鎌倉五郎本店
かまくらごろうほんてん
MAP 本書P.41
ハイカラな鎌倉銘菓

花やウサギの可憐な菓子が人気の和菓子店。サクッとした煎餅にクリームを挟んだ半月やモンブランなどの人気の鎌倉みやげが揃う。

☎0120-151-560　所鎌倉市小町2-9-2　◷10:00～18:00　休無休　交JR鎌倉駅から徒歩3分

↑↑名物の鎌倉半月、抹茶風味・小倉風味594円(5枚入り)

↑ほくほくおいしい「きんとん」に、波うつ栗と刻み栗、クリームを重ね盛りした和菓子屋のモンブラン～小波～1080円

J ワンダーバーグ

MAP 本書 P.42

予約	望ましい
予算	L 1500円〜
	D 2500円〜

新鮮な地元食材たっぷり

シェフが目の前で焼き上げる鉄板焼ハンバーグ専門店。選び抜いた粗びき肉を使用したハンバーグは、食べ応えのあるしっかりとした肉感が特徴的。

☎0467-38-7889 所鎌倉市小町2-1-51F 営11:00〜22:00(LO21:00) 休無休 交JR鎌倉駅から徒歩3分

↑ボリューム感抜群のハンバーグ。ほかにもステーキメニューなどがあり、価格はリーズナブル

↳オープンキッチンで、鉄板の周りはカウンター席が備わる

K MAISON CACAO

MAP 本書 P.42
メゾン カカオ

香り高いチョコ菓子店

鎌倉発祥のアロマ生チョコレート専門店。コロンビア産の良質なカカオを使った多彩なチョコレートスイーツを味わうことができる。

☎0467-61-3307 所鎌倉市小町2-9-7 営10:00〜18:00 休不定休 交JR鎌倉駅から徒歩3分

↳香り高い生チョコレートは定番と季節限定のラインナップ

↑人気のcacao生チョコエクレア各540円と生チョコタルト432円
↳ほろ苦スイートの大人味、生チョコソフト540円

ワンダーバーグ J

菓子舗 日影茶屋
鎌倉小町店 R

鎌倉ハム富岡商会
小町本店 L

M 中国料理 二楽荘

CAFÉ DE FLEUR T

聖ミカエル教会 ✝

小町通り R

S 鎌倉まめや
小町通り店

R Dolce far nie

mille mele 鎌倉小町店 S

I
P.41 鎌倉五郎本店

MAISON CACAO K

N S 白帆鎌倉

味くら
小町通り店

S

コアンドル R

鎌倉・吉兆庵美術館 ★
P.103

ジェラテリア・イル・ブリガンテ

P.150 豊島屋菓寮
八十小路 C

C 豊島屋 本店

レオニダス鎌倉店

鶴ヶ丘会館 Q キャラウェイ

鎌倉mille mele
ミレメーレ O

H シャングリラ

↔ P.41 ・二ノ鳥居

若宮大路

S SEITA PLUS

湯浅物産館 P.105 ★

わっふる21 S

三河屋本店 S

鎌倉彫資料館 ★
P.96

★ 若宮大路

P.117 段葛こ寿々 R

八幡

L 鎌倉ハム富岡商会 小町本店

MAP 本書 P.42
かまくらハムとみおかしょうかいこまちほんてん

歴史ある老舗の伝統の味 ➡ P.140

M 中国料理 二楽荘

ちゅうごくりょうり にらくそう

MAP 本書 P.42

大佛次郎の名著にも登場

➡ P.110

N 味くら 小町通り店

みくらこまちどおりてん

MAP 本書 P.42

試食しながら選べる漬物

➡ P.141

O 鎌倉mille mele ミレメーレ

かまくらミレメーレ

MAP 本書 P.42

鎌倉新名物のアップルパイ!

巨匠マルコ・パオロ・モリナー리によるアップルパイ専門店。仏産発酵バターを贅沢に使ったパイに包まれたリンゴとカスタードクリーム、豆乳チーズクリームの新食感を楽しめる。

☎0467-40-4365 所鎌倉市小町2-12-27 営10:00〜18:00 休無休 交JR鎌倉駅から徒歩5分

↑サクサクのアップルパイ450円、手みやげにも喜ばれる逸品

↳リンゴカラーの真っ赤な店内が目印、小町通りにも店を構える

歩く・観る●鎌倉駅・若宮大路周辺

P 創作和料理 近藤

そうさくわりょうり こんどう

MAP 本書 P.43

創意と和の伝統が調和

➡ P.114

Q キャラウェイ

MAP 本書 P.42

懐かしい味わいのカレー

濃厚なコクと風味豊かなカレーは全部で6種類。「安くておいしいと言われるのがうれしい」と微笑む店主の作るカレーを求め、行列が絶えない。

☎0467-25-0927 住鎌倉市小町2-12-20 営11:30～20:00(LO19:30) 休月曜(祝日の場合は火曜) 交JR鎌倉駅から徒歩7分

| 予約 | 不可 |
| 予算 | LD660円～ |

↑トロトロの肉がたっぷり入った濃厚なビーフカレー830円

R 山安 鎌倉店

やまやす かまくらてん

MAP 本書 P.43

肉厚な干物を手みやげに

➡ P.141

S 香司 鬼頭天薫堂

こうしきとうてんくんどう

MAP 本書 P.43

お香の上品な香りに誘われて

小町通りに漂うやわらかな香り。その香りをたどっていくと鬼頭天薫堂に着く。オリジナルのお香・線香を中心に、香炉などが揃う。毎月、お香教室も開催している(要予約)。

☎0467-22-1081 住鎌倉市雪ノ下1-7-5 営10:00～18:00(変動あり) 休無休 交JR鎌倉駅から徒歩8分

↑甘みのある白檀のふくよかな香りがする由比が浜スティック30本入り1650円

T CAFÉ DE FLEUR

カフェ ドゥ フルール

MAP 本書 P.42

名物スイーツでひと休み

古民家を改築し、フレンチシックな空間が広がる。スイーツはすべて手作り。自家製シロップで作るソーダと合わせていただきたい。

☎0467-38-6868 住鎌倉市小町2-7-30 営11:00～18:00(LO17:30) 休無休 交JR鎌倉駅から徒歩5分

↑パリの街角にあるカフェのよう

↑人気の鎌倉プレミアムショコラ770円(上)、たっぷりのったホイップがキュートな富士山プリン715円(下)

U 吾妻屋

あづまや

MAP 本書 P.43

種類豊富に並ぶ鎌倉彫

➡ P.145

V 博古堂

はっこどう

MAP 本書 P.43

味わい深く美しい鎌倉彫

➡ P.145

0　　　50m

山安 鎌倉店 R

S imbiss鎌倉

S 香司 鬼頭天薫堂

P 創作和料理 近藤

平家池

●鎌倉文華館 鶴岡ミュージアム

八幡宮前

鎌倉紅谷
八幡宮前本店S

八幡宮前

三ノ鳥居

U V 博古堂

吾妻屋

●社務所

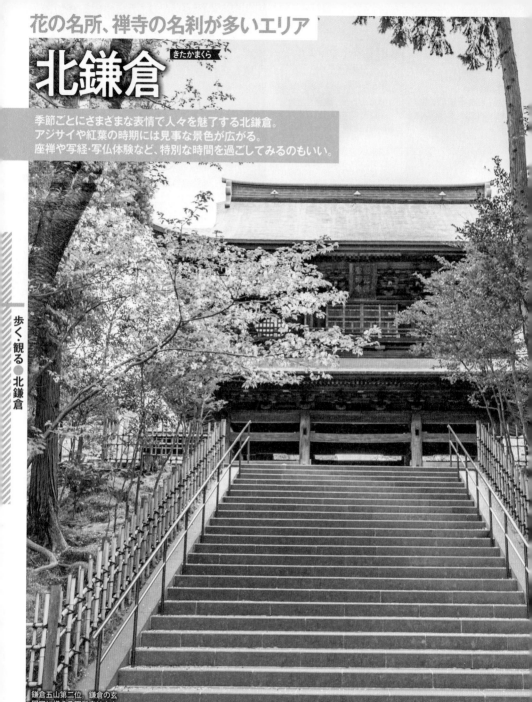

北鎌倉

きたかまくら

季節ごとにさまざまな表情で人々を魅了する北鎌倉。
アジサイや紅葉の時期には見事な景色が広がる。
座禅や写経・写仏体験など、特別な時間を過ごしてみるのもいい。

歩く・観る●北鎌倉

鎌倉五山第二位。鎌倉の玄
関口に構える円覚寺は文人
たちに愛されてきた名刹

↑仏殿の堂内に安置された本尊の宝冠釈迦如来坐像

↓洪鐘のある高台から北鎌倉の街が見晴らせる

広大な敷地に塔頭が立ち並ぶ

円覚寺

えんがくじ

蒙古襲来の両軍犠牲者を弔う
臨済宗円覚寺派の大本山

　8代執権・北条時宗は、蒙古襲来による敵味方両軍の戦没者を弔うため、弘安5年(1282)に円覚寺を創建した。宋の禅僧・無学祖元(仏光国師)を開山に迎え、禅宗道場として発展。建長寺に次ぐ鎌倉五山第二位の寺格を誇った。室町以降の相次ぐ大火や天災にも、時の権力者の庇護を受けて再建を繰り返した。現存する多くの伽藍や点在する塔頭寺院の多くは江戸末期以降に復興されたものだ。
　円覚寺の広大な寺域は、鎌倉特有の谷戸と呼ばれる丘陵の谷あい地形に沿って広がる。山門、仏殿、方丈がほぼ一直線に並び、建長寺同様に中国禅宗様式の伽藍配置を伝えている。国宝の舎利殿や山門が鬱蒼とした杉木立にたたずみ、禅寺らしい厳粛な空気に包まれる。夏目漱石や川端康成ら多くの文豪たちの作品の舞台地としても知られる。

MAP 付録P.5 D-1

☎0467-22-0478 所鎌倉市山ノ内409 時8:30〜16:30(12〜2月は〜16:00) 休無休 料500円 交JR北鎌倉駅から徒歩1分 Pなし

円覚寺 主な行事／法要

1月1〜3日　大般若祈祷会式
方丈で新年を祝って膨大な大般若経を転読。

2月15日　涅槃会
釈迦の命日。仏殿に涅槃図を掲げ法要を営む。

4月8日　降誕会(花まつり)
釈迦の誕生日の法要。誕生仏に甘茶をかけて祝う。

5月GW　舎利殿 特別拝観
通常は非公開の国宝・舎利殿を拝観できる。

11月上旬　宝物風入れ
虫干しを兼ねて寺宝を展示。舎利殿の特別公開も。

11月28日　弁財天諷経
江ノ島から招来した弁天堂の法要。太鼓の独特なリズムで経を読む。

12月8日　成道会
釈迦が悟りを開いた日に仏殿で行われる法要。

拝観のポイント

山門、梵鐘、舎利殿(特別拝観日のみ)などの建造物を見学

仏殿にある天井画、『白龍の図』を鑑賞したい

早朝や土曜午後、日曜に開かれる坐禅会に参加してみたい

円覚寺

45

見どころもご利益もしっかりチェック!!

円覚寺を参拝しよう

春は桜、夏は新緑、秋は紅葉など、境内に咲く美しい花や緑に癒やされながら、荘厳な仏殿など、境内の見どころを散策したい。

↑紅葉や新緑の季節には参道沿いの木々が美しい

↑建物は昭和39年(1964)に再建されたもの

1 総門
そうもん
瓦葺きの円覚寺の正門

JR北鎌倉駅を出て、鎌倉方面へ線路沿いに進むと、石段の上に四脚門の総門がある。ここをくぐれば円覚寺の境内だ。

2 山門
さんもん
江戸後期の様式を持つ

天明3年(1783)に再建した入母屋造の門。扁額には伏見上皇直筆で、寺の正式名称「瑞鹿山円覚興聖禅寺」と書かれている。創建当時は白鷺池の南にあった。

↑楼上に十六羅漢や十一面観音を安置(楼上は見学不可)

4 居士林
こじりん
庶民の坐禅道場

在家修行者のための坐禅道場。現在も初心者向けの坐禅会を開催。建物は東京・牛込の柳生流剣道場を移築したもの。

↑毎週土曜に坐禅会を開催している

3 仏殿
ぶつでん
白龍が睨む貫禄の天井絵

安置する本尊の宝冠釈迦如来坐像は、頭部のみ鎌倉期の作。前田青邨監修、守屋多々志筆による天井絵『白龍の図』がある。

5 方丈
ほうじょう
寺のさまざまな行事を開催

各種の法要や坐禅会、説教会など幅広く利用。方丈前にはビャクシンの老木、裏には禅宗庭園がある。

↑ビャクシンの木は無学祖元が植えたと伝えられる

【注目ポイント】

方丈にある百観音とは?
江戸時代に拙叟尊者が100体の観音像を祀ったのが起源。現在は、明治時代に整備された33体の観音像が祀られている。

地図凡例：北鎌倉駅、大船駅、選仏場・、居士林④、・百観音、勅使門・、③仏殿、⑤方、②山門、総門①、妙香池、白鷺池、帰源院⑩、⑨洪鐘、・弁天堂、鎌倉街道、横須賀線、鎌倉駅

嗣山塔

舎利殿

・正続院
・開基廟
⑧黄梅院
・聖観世音菩薩
・白鹿洞
⑥塔頭 仏日庵

6 塔頭 仏日庵
たっちゅう ぶつにちあん

円覚寺の創建者を祀る

8代執権・北条時宗とその子・貞時、孫・高時を祀る。川端康成の小説『千羽鶴』の舞台となった茶室「烟足軒」がある。

☎0467-25-3562 ⏰9:00～16:00 休無休 ¥100円、抹茶込800円（円覚寺の拝観料500円が別途必要）

↑鎌倉唯一の国宝建造物であり、日本最古の禅宗様建築物

↑境内には魯迅が贈った白木蓮が育つ

7 舎利殿
しゃりでん

特別拝観時のみ公開

典型的な禅宗様式を伝える国宝建築

現存の建物は西御門にあった太平寺から移築した仏殿で、円覚寺最古の室町中期頃の建築。源実朝が宋から請来した仏舎利を安置。

【注目ポイント】
禅宗様の代表的建築
急勾配の屋根、軒下の細木が放射状に広がる扇垂木、上部がアーチ状の花頭窓など、禅宗建築の特徴的な装飾様式が随所に見られる。

8 黄梅院
おうばいいん

夢窓国師坐像を安置

15世住職・夢窓疎石の塔所（墓所）として南北朝時代に創建。足利義詮の遺骨も分骨された。本尊は室町時代の千手観音菩薩像。

↑境内の最奥部にあり、緑が深い

9 洪鐘
おおがね

国宝の鎌倉三名鐘

全長約2.6mの鎌倉最大の梵鐘。正安3年（1301）に9代執権・北条貞時が寄進。建長寺、常楽寺と並ぶ鎌倉三名鐘のひとつ。

↑風格ある洪鐘。当時の名鋳物師・物部国光の代表作のひとつ

10 帰源院
きげんいん

内部非公開

夏目漱石の小説の舞台地

38世住職・仏恵禅師の塔所。明治27年（1894）の年末から翌年1月まで、夏目漱石が参禅の際投宿した。その体験を小説『門』に著した。

↑漱石の前年に島崎藤村が寺に逗留した

季節ごとの美しい花々を見に行きたい!!

梅、桜、アジサイなど季節を代表する花々が咲き誇る。

【円覚寺で見たい花々】

梅	1月下旬～3月中旬
桜	3月下旬～4月中旬
アジサイ	6月上旬～下旬
紅葉	11月下旬～12月中旬

※開花時期は目安です

1. さまざまな色のアジサイが美しい
2. 春の訪れを告げる梅
3. 境内をピンクに染める桜

鎌倉五山第一位の寺格を誇る

建長寺

けんちょうじ

日本で最初期に誕生した禅宗専門寺院
重厚な伽藍や庭園に宿る禅の心

　鎌倉五山第一位、臨済宗建長寺派大本山の建長寺は、日本で最初期に創建された禅宗専門寺院だ。5代執権・北条時頼が中国渡来僧の蘭渓道隆を開山に迎え、建長5年(1253)に仏殿を建立。その後、長い年月を費やして次々と伽藍を造営。宋の禅寺を模範にして、総門や三門、仏殿、法堂間を一直線上に配置した。最盛期には禅の専門道場に各地から1000人以上の修学僧が集ったという。

　広大な寺域を有し、49の塔頭寺院を持つ大寺院となるが、度重なる天災などで時勢はしだいに衰退。徳川幕府の支援により、三門や法堂、仏殿など現存の伽藍が復興された。現在も参拝者の立ち入れない奥の僧堂で、厳しい修行が積まれている。重厚感あふれる三門や本尊・地蔵菩薩を祀る仏殿、国の名勝・方丈庭園など見どころは豊富だ。

MAP 付録P.5 E-3

☎0467-22-0981　⑳鎌倉市山ノ内8　⊕8:30〜16:30
㉀無休　㋿500円　⊗JR北鎌倉駅から徒歩15分　㋓あり

歩く・観る●北鎌倉

建長寺 主な行事／法要

立春の前日　節分会
境内で、かっぽれの奉納や豆まきを行う。

2月15日　涅槃会
釈迦入滅の日に、法堂で涅槃図を掲げ読経を行う。

4月8日　花まつり
釈迦の降誕会を行い、三門前で甘茶の接待を行う。

5月28日　茶筅供養
茶道会の各流派が集まり、古い茶筅の供養をする。

7月15日　三門梶原施餓鬼会
三門で源頼朝の家臣・梶原景時の供養をする。

7月23・24日　開山忌
開山・蘭渓道隆の像を法堂に遷し、開山法要を実施。

11月上旬　宝物風入れ
彫刻や絵画、古文書などの貴重な宝物を公開。

拝観のポイント

総門、唐門などの仏教美術に注目してみたい

日本画家・小泉淳作氏が描いた天井画、雲龍図は必見

桜、ボタン、蓮、サザンカなど境内を彩る花々も楽しみ

凛とした雰囲気、風格を感じ
させる堂宇は最初期の禅宗専
門寺院ならではのもの

建長寺

建長寺を参拝しよう

創建から760年余りを誇る境内へ。三門や仏殿など国の重要文化財も多数。四季の花々や美しい庭園も必見だ。

（地図）
天源院
半僧坊 8
龍峰院
正統院
宝珠院
7 方丈庭園
方丈 6 ・得月楼
唐門・ ・大庫裏
5 法堂
鎌倉学園高・中
4 仏殿
・天下門
建長寺
3 三門
・同契院
梵鐘 2 ・嵩山門
総門 1
妙高院
西来庵 ・昭堂
西来門・ ・大徹堂
鎌倉街道
N
0 50m

1 総門
そうもん
本瓦葺きの四脚門

JR北鎌倉駅を出て、鎌倉方面へ線路沿いに進むと、石段の上に四脚門の総門がある。ここをくぐれば円覚寺の境内だ。

➡参道の最初に現れる

2 梵鐘
ぼんしょう
創建時に製作された国宝の名鐘

建長7年（1255）に北条時頼が寄進。重さ2tで、開山・蘭渓道隆の銘文が浮き彫りされている。

➡高さは約2m。鎌倉三名鐘のひとつ

3 三門
さんもん
寺の風格を物語る門

上層・下層それぞれに屋根を持つ銅板葺きの二重門。江戸中期の安永4年（1775）に再建された。下層に仁王像を置かず、上層には釈迦如来や五百羅漢などを安置。国の重要文化財に指定。

➡禅宗寺院では山門ではなく「三門」。仁王像を置かないのも禅寺の特徴

4 仏殿
ぶつでん
禅寺でひときわ華やかな堂宇

徳川将軍・秀忠の妻・崇源院（お江の方）の霊屋を芝・増上寺から移築。華麗な欄間彫刻や天井画は必見。国の重要文化財。本尊・地蔵菩薩を祀る。

（注目ポイント）
禅寺に珍しい地蔵菩薩像
建長寺の創建前、一帯は罪人の刑場で、地蔵菩薩を祀る寺があった。往時の信仰と本尊がそのまま建長寺に引き継がれた。

➡仏殿は増上寺で寛永5年（1628）に建立

（左余白 縦書き）
歩く・観る●北鎌倉

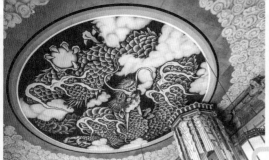
⬆創建750年を記念して描かれた

5 法堂
はっとう
関東最大級の禅宗法堂建築

法堂とは僧侶が説法を聞く修行道場。のちに儀式を行う場となり、千手観音像が安置される。現存の建物は文化11年(1814)の建立。

注目ポイント
天井画の雲龍図
法の雨(仏法の教え)を降らすという龍は、法堂の天井によく描かれる。鎌倉出身の日本画家・小泉淳作による2003年の作。

7 方丈庭園
ほうじょうていえん
心洗われる禅宗庭園

心字池を中心に芝地を設け、低木や銘石を配した風雅な庭園。開山の蘭渓道隆と伝えられる。国の名勝。

⬆江戸後期の再建。鎌倉期の意匠を随所に再現した

けんちん汁と建長寺
大根やニンジン、ゴボウなどをゴマ油で炒め、醤油仕立てにしたけんちん汁は、建長寺の修行僧が食べていた精進料理の汁ものが起源だ。建長汁がいつしか訛り、一般家庭へ普及したといわれる。

⬆方丈裏手に造られた住職の私的な庭だった

⬆「龍王殿」とも呼ばれる。昭和15年(1940)に移築された

6 方丈
ほうじょう
柱の細い上品な造りの江戸建築

総門同様、京都の般舟三昧院の本堂を移築した江戸後期の建築。もとは住職の生活空間だったが、のちに法要や儀式の場となった。

注目ポイント
唐門の美しい装飾
方丈の正門で、芝・増上寺の崇源院(お江の方)の霊屋の門を移築した。彫刻や透かし彫り金具など繊細な装飾が随所に見られる。

8 半僧坊
はんそうぼう
火除けや厄除けの天狗様

方丈から200段以上の石段を上る。静岡・方広寺の半僧坊大権現を勧請した建長寺の鎮守。展望台から伽藍や富士山を一望できる。

⬆石段途中には祭神のお供の天狗像

建長寺

季節ごとの美しい花々を見に行きたい!!

広大な敷地にはさまざま花々が植えられており、訪れる者を楽しませてくれる。

建長寺で見たい花々	
桜	3月下旬~4月中旬
ボタン	5月上旬~5月下旬
サツキ	5月中旬~6月上旬
紅葉	11月下旬~12月上旬

※開花時期は目安です

1.三門前の桜は圧巻
2.創建750年記念に植えられたボタン
3.境内を赤く染める見事な紅葉

山々に包まれた北鎌倉を歩く

鎌倉街道沿いに有名寺院が点在する北鎌倉。
喧騒から外れた落ち着いた街には、
古都の風情が漂う。

花の名所があちこちに
絵に描いたような景色に出会う

一年を通してさまざまな花が咲き、四季の移ろいを感じることができる。美しい花と荘厳な建築物の数々は、まるで絵画のような美しさ。カメラ片手に散策を楽しみたい。

⬆扇ガ谷まで通じる
亀ヶ谷坂のアジサイ

⬆円覚寺の広大な寺域は桜をはじめ、色とりどりの花が咲く

1 蒙古襲来の犠牲者を弔う
円覚寺 ➡P.45
えんがくじ

2 巨木に囲まれた静寂の禅寺
浄智寺
じょうちじ
MAP 付録P.4 C-3

北条時頼の三男・宗政の菩提を弔うため鎌倉中期に創建された禅宗寺院。阿弥陀、釈迦、弥勒がそれぞれ過去、現在、未来を表す三世仏が本尊。

☎0467-22-3943 所鎌倉市山ノ内1402 開9:00〜16:30 休無休 料200円 交JR北鎌倉駅から徒歩8分 Pあり

⬆大正時代に再建された、素朴なたたずまいの茅葺き屋根の書院

⬆本堂の木造三世仏坐像は南北朝時代のもの

⬇ひなびた石段の上の山門は、鎌倉では珍しい中国様式の鐘楼門。2階建てになっている

3 梅雨どきに賑わうあじさい寺
明月院
めいげついん
MAP 付録P.5 D-2

平安末期創建の明月庵が起源。境内に約2500株が育つアジサイの寺として知られる。本堂丸窓から望む後庭園の紅葉や枯山水庭園も趣がある。

☎0467-24-3437 所鎌倉市山ノ内189 開9:00〜16:00 6月8:30〜17:00 休無休 料500円 交JR北鎌倉駅から徒歩10分 Pなし

⬆ヒメアジサイの鮮やかな青い花が境内を彩る

⬇花菖蒲の開花時期と紅葉の時期には庭園が公開

4 期間限定で公開される名所
長壽寺
ちょうじゅじ
MAP 付録P.5 D-3
足利尊氏の菩提寺で、建長寺の塔頭寺院。春・秋の年2回一般公開され、境内の美しいアジサイや紅葉を見ることができる。
☎0467-22-2147 所鎌倉市山ノ内1503 開4〜6月、10〜11月の金〜日曜、祝日10:00〜15:00 休公開時期の雨天時 料300円 交JR北鎌倉駅から徒歩10分 Pなし

↑紅葉の時期は境内全体がひときわ鮮やかに

5 日本初の禅宗寺院
建長寺 ➡P.48
けんちょうじ

6 表情豊かな運慶の閻魔大王
円応寺
えんのうじ
MAP 付録P.5 E-4
本堂には冥途で死者の罪業を裁くという10人の王(十王)の像を安置する。中心の閻魔大王坐像は、運慶作と伝わる。
☎0467-25-1095 所鎌倉市山ノ内1543 開9:00〜16:00(12〜2月は〜15:30) 休無休 料300円 交JR北鎌倉駅から徒歩18分 Pなし

↑創建は鎌倉時代中期

歩く時間◆約45分
さんぽコース

北鎌倉駅
⬇ 徒歩約1分
1 円覚寺
⬇ 徒歩約5分
2 浄智寺
⬇ 徒歩約5分
3 明月院
⬇ 徒歩約8分
4 長壽寺
⬇ 徒歩約6分
5 建長寺
⬇ 徒歩約2分
6 円応寺
⬇ 徒歩18分
北鎌倉駅
円応寺から鎌倉駅へは徒歩約20分

※上記の「歩く時間」は神社仏閣／施設などの入口までの目安です。見学時間などは含みません。

山々に包まれた北鎌倉を歩く

ひと休みスポット
美しい上生菓子
御菓子司 こまき
おかしつかさ こまき
北鎌倉駅の真横で70余年、主人が製餡から手がける上生菓子は1日1種類のみ。窓から望める白鷺池を眺めながら、挽きたての抹茶を心静かに味わいたい。
MAP 付録P.4 C-1
☎0467-22-3316 所鎌倉市山ノ内501 開10:00〜16:30 休火曜 交JR北鎌倉駅から徒歩1分 Pなし
↑季節にちなんだお菓子と抹茶セット1001円

天園ハイキングコース経由
街を見渡す
大平山を巡る
(おおひらやま)

ところどころで目の前に広がる鎌倉の街並みが美しい。
この道は、かつて修行僧たちが行脚してきた道という。

START 北鎌倉駅

N

0　200m

勝上嶽展望台 **2**

建長寺 半僧坊 **1**

P.52
卍 明月院

卍 建長寺
P.48

鎌倉学園
高・中

↓鎌倉駅

横須賀線

山中にたたずむ史跡と
眼下の絶景を満喫

　鎌倉市北部に連なる山々、「鎌倉アルプス」の尾根道を歩くコース。建長寺から山道を登って鎌倉アルプスの最高峰・大平山の山頂を目指し、明王院へと下る。中世の修験者たちが踏みしめた山道は、市街地とは別世界の深い緑に包まれ、百八やぐらや貝吹地蔵など鎌倉時代の史跡が点在している。時折出会う、相模湾や富士の絶景が疲れを癒やしてくれる。

1 ## 建長寺 半僧坊 ↗
けんちょうじ はんそうぼう

北鎌倉 **MAP** 付録P.5 F-2

天狗像がお出迎え

建長寺の鎮守。厄除けや火除けのご利益で知られる半僧坊大権現を祀っている。祭神のお供とされるカラス天狗の像が参道の随所にある。

☎0467-22-0981　所鎌倉市山ノ内8　時8:30〜16:30　休無休　交JR北鎌倉駅から徒歩30分

↻建長寺境内奥の石段を上ると天狗像が迎える

2 ## 勝上嶽展望台
しょうじょうけんてんぼうだい

北鎌倉 **MAP** 付録P.5 F-2

最初の景勝スポット

建長寺裏山の展望台。眼下に建長寺の伽藍を一望。遠くに鎌倉の街並みと相模湾のパノラマが広がる。少し先には十王岩の展望所もある。

↻南を海、残りの三方を山に囲まれた天然の要塞都市・鎌倉を眼下に望む

ビュースポット

3 ## 百八やぐら
ひゃくはちやぐら

二階堂 **MAP** 付録P.3 E-1

鎌倉特有の墳墓が点在

覚園寺裏山一帯にある鎌倉最大規模のやぐら群。中世の横穴式墳墓とされるやぐらが数多く点在している。

↻岩窟に五輪塔などが立つ

4 ## 大平山 ↗
おおひらやま

二階堂 **MAP** 付録P.3 F-1

鎌倉アルプス最高峰に到着

標高159mで鎌倉の最高地点。山頂は開けており、季節によっては鎌倉の海を眺められる。ルートの約半分の地点。上りはここで終わり、あとは下りが続く。

↻山頂では小休止。あと少し歩けば天園休憩所

<table>
<tr><td colspan="2">歩く時間 ◆ 約2時間40分</td></tr>
</table>

ハイキングルート

北鎌倉駅
⬇ 徒歩約30分
1 建長寺 半僧坊
⬇ 徒歩5分
2 勝上巘展望台
⬇ 徒歩約15分
3 百八やぐら
⬇ 徒歩約30分
4 大平山
⬇ 徒歩約30分
5 貝吹地蔵
⬇ 徒歩約15分
6 奥津城やぐら
⬇ 徒歩約20分
7 弁天社
⬇ 徒歩約10分
8 明王院
⬇ 徒歩約5分
泉水橋バス停

建長寺 半僧坊から瑞泉寺に向かう天園ハイキングコースは、奥津城やぐらから瑞泉寺へ抜ける。百八やぐらはコースから離れた場所にあるので注意。起伏に富んだコースなので、時間に余裕のあるプランを。

※上記の「歩く時間」は神社仏閣／施設などの入口までの目安です。見学時間などは含みません。

地図上の表記：
- 3 百八やぐら
- 天園ハイキングコース
- 4 大平山
- 獅子舞・
- R 天園休憩所 P.55
- 天台山▲
- 5 貝吹地蔵
- 6 奥津城やぐら
- P.69 瑞泉寺 卍
- 7 弁天社
- 明王院 8
- 泉水橋バス停 GOAL
- 滑川

5 貝吹地蔵
かいふきじぞう

二階堂 **MAP** 付録P.11 E-1

北条軍を助けたお地蔵さん

鎌倉攻めで自害した北条高時の首を守って敗走中の家臣に、地蔵がほら貝を吹いて誘導したとの伝説が残る。

↑静かな岩場に赤い前掛けを付けた地蔵を祀る

6 奥津城やぐら
おくつきやぐら

二階堂 **MAP** 付録P.11 E-2

ひっそりと立つ武士の墓

瑞泉寺の裏山にあるやぐら群のひとつ。鎌倉武士の墓とされる横穴式墳墓。秋には周辺の紅葉が見事だ。

↑山肌を削って造られている

7 弁天社
べんてんしゃ

二階堂 **MAP** 付録P.11 F-3

水と知恵の神様を祀る

この近くの井戸から鉱泉が湧いたため、七福神の1神で水の神様である弁財天を祀ったという。鳥居の先に小さな石の祠が立つ。

↑明王院と瑞泉寺の間に祀られる

8 明王院
みょうおういん

金沢街道 **MAP** 付録P.11 E-4

鎌倉唯一の五大明王を祀る

鎌倉時代に4代将軍・藤原頼経が鬼門除けの祈願所として創建。不動明王を中心とした五大明王像は毎月28日の護摩法要で拝観できる。

☎0467-25-0416 所鎌倉市十二所32 開9:00〜16:00 休無休 料志納 泉水橋バス停から徒歩5分

↑風情ある茅葺きの本堂

街を見渡す大平山を巡る

扇ガ谷・源氏山公園周辺

こぢんまりとした鎌倉駅西口を出ると、左手に延びるのが御成通り。
源氏山公園へは、駅から直進する市役所前を進むのが早道。
今小路を北鎌倉方面に進めば、英勝寺や海蔵寺にたどり着く。

ここで湧き出る霊水は「銭洗水」と呼ばれる鎌倉五名水のひとつ

歩く●観る●扇ガ谷・源氏山公園周辺

商売繁盛の霊水で有名

銭洗弁財天 宇賀福神社

ぜにあらいべんざいてんうがふくじんじゃ

金運のご利益で人気の弁天様
源頼朝が夢のお告げで創建

みなもとのよりとも
源 頼朝が鎌倉入りした直後、夢枕に宇賀神が現れ、「ここの霊水で神仏を供養すれば国内平穏になる」とのお告げを受け創建したとされる。奥宮の洞窟に湧く鎌倉五名水のひとつ、銭洗水がその霊水。「霊水で清めたお金を使うと何倍にも増える」とのご利益にあやかろうと多くの参拝客が訪れる。

MAP 付録P.7 D-2

☎0467-25-1081 所鎌倉市佐助2-25-16 開8:00〜16:30 休無休 料無料 交JR鎌倉駅から徒歩20分 Pあり

お守りをチェック

おたから小判(左)
御賽銭(右)
財布に入れておけば金運がアップするという人気のお守り。各500円

本宮

ほんぐう

↑車道からトンネルを抜け、連なる鳥居をくぐると本宮の建つ境内

いち き しまひめのみこと
祭神の市杵島姫 命を祀る。水の女神様で、弁財天と同一視されることもある。奥宮でお金を清める前にお参りしよう。

七福神社

しちふくじんじゃ

大黒天・恵比寿・毘沙門・弁財天・布袋・福禄寿・寿老人の七福神を祀る。福徳や商売繁盛にご利益があると信じられている。

奥宮

おくみや

境内奥にある洞窟内に銭洗水が湧き、宇賀福神と弁財天を祀る。神仏習合時代には、宇賀神と弁財天は同一視された。

↑社務所に200円を納め、線香とろうそくを供えてから奥宮へ。ザルにお金を入れ、ひしゃくで洗い清める

進化し続ける
御成通り&今小路

おなりどおり・いまこうじ

地元っ子御用達の、昔からの店が集まる商店街。
個性的なお店も増えていて賑わっている。

実力確かな絶品ジェラート
GELATERIA SANTi
ジェラテリア サンティ
御成通り **MAP** 付録P.7 F-4

御成通りの脇道、細い路地の奥にたたずむ。オーナーの松本さんが本場イタリアで学んだジェラートは、移ろう季節に合わせて味を変え、地元の人にも好評。濃厚ながら後味すっきりのジェラートで、ほっと心を休めて。

☎なし　住鎌倉市御成町2-14　営12:00(土・日曜、祝日11:00)～17:00　休不定休　交JR鎌倉駅から徒歩2分　Pなし

↑本場仕込みのジェラートは、地元の新鮮な素材をふんだんに使うのがポイント。添加物を使わず、人にも環境にもやさしいジェラートを目指しているとか

↑ショーケースには常時12種類が並ぶ。店内カウンターから外を眺めると、目の前を江ノ電が横切る

↑サイズはダブル590円～。フレーバーのひとつひとつからこだわりを感じて迷ってしまいそう。左は一番人気のピスタチオ

鎌倉発のこだわりのチョコレート
鎌倉くらん
かまくらくらん
御成通り **MAP** 付録P.7 F-4

御成通りにあるチョコレート専門店。世界各地から厳選した素材を、日本人の舌に合うように改良して販売。見た目のかわいいものから、ナッツやドライフルーツなどと相性のよいものまで取り扱う。

☎0467-38-7654　住鎌倉市御成町10-8　営10:00～19:00　休水曜(祝日の場合は翌日)　交JR鎌倉駅から徒歩2分　Pなし

↑国産の栗とショコラを合わせたヴィクトワールマロンは、かまくら推奨品に認定されている。4個1000円

↑しょこらの実で一番人気のマカダミア800円

↑しょこらの実各800円。ホワイト苺、アーモンドなど全6種類

毎日使いたい上質な雑貨
HMT
エイチエムティ
御成通り **MAP** 付録P.8 B-4

生活に取り入れやすいシンプルな雑貨を扱うセレクトショップ。洗練されたディスプレイは見ているだけでワクワク。地元客が多く、カフェの店員さんもお店用に購入していくという。

☎0467-39-6658　住鎌倉市御成町5-35 1F　営11:00～18:00　休不定休　交JR鎌倉駅から徒歩5分　Pなし

↑軒先に並ぶ多肉植物

↑琺瑯(ほうろう)の食器やガラス瓶も豊富

街角の小さな文具店
TUZURU
ツズル
今小路 **MAP** 付録P.7 F-4

万年筆好きの店主がセレクトした文房具や手紙用品が店内所狭しと並ぶ。万年筆のほかにも、透き通った見た目のガラスペンや香りがするインクなども揃う。

☎0467-24-6569　住鎌倉市御成町13-41　営11:00～17:00　休水曜　交JR鎌倉駅から徒歩4分　Pなし

↑万年筆は初心者用から本格仕様まで豊富に揃える

↑鎌倉をモチーフにしたオリジナルはがき165円(1枚)

● 個性あふれる古刹を巡る

山里を歩いて鎌倉の歴史を知る

名刹が集まる今小路を北に向かって上り坂へ。
頼朝像が立つ源氏山公園を過ぎれば、
間もなく銭洗弁財天に到着。

緑深い山々を背景にたたずむ名刹を巡り、歴史に親しむ

静かな小径を歩き、鎌倉五山のひとつの寿福寺や花寺・英勝寺などを訪れ、銭洗弁財天や佐助稲荷神社へ。途中のつづら折りの坂道の化粧坂切通しには、古戦場の面影が残る。

⬆横須賀線に沿うように南北に延びる今小路

⬆春には桜のトンネルが美しい薬王寺の門前

歩く・観る●扇ガ谷・源氏山公園周辺

1 鎌倉五山第三位の古刹
寿福寺
じゅふくじ
MAP 付録P.7 F-2

正治2年(1200)、北条政子が夫の源頼朝の霊を慰めるため発願し、臨済宗の開祖・栄西により創建されたと伝わる。境内は参拝できないが総門から中門まで風情ある参道が続く。高浜虚子や大佛次郎の墓がある。

☎0467-22-6607　所鎌倉市扇ガ谷1-17-7
開休中門まで拝観自由　交JR鎌倉駅から徒歩12分　Pなし

⬆源頼朝の父・義朝の邸宅跡地といわれている

2 現存する鎌倉唯一の尼寺
英勝寺
えいしょうじ
MAP 付録P.7 F-2

徳川家康の側室で、水戸家初代徳川頼房の養母、お勝の局が寛永13年(1636)に創建。仏殿や鐘楼、唐門などの江戸初期の名建築や竹林が見事。

☎0467-22-3534
所鎌倉市扇ガ谷1-16-3
開9:00〜16:00　休木曜　料300円　交JR鎌倉駅から徒歩12分　Pなし

⬆袴腰付楼閣形式と呼ばれる高貴な趣の鐘楼

⬆水戸家の姫が代々住職を務めた

⬆英勝寺境内裏の静寂に包まれた竹林。遊歩道が設けてある

3 花も美しい学問の道場
浄光明寺
じょうこうみょうじ
MAP 付録P.7 F-2

鎌倉中期に北条氏の庇護を受け、諸宗兼学の寺として創建。収蔵庫で重要文化財の阿弥陀三尊像を拝観できる。

☎0467-22-1359　所鎌倉市扇ガ谷2-12-1
開境内自由、収蔵庫・山上拝観は木・土・日曜、祝日10:00〜12:00 13:00〜16:00　休無休、収蔵庫・山上拝観は8月と雨天時　料志納、収蔵庫・山上拝観300円　交JR鎌倉駅から徒歩15分　Pなし

⬆梅や萩など境内の花々も美しい

⬆5月頃には色とりどりのツツジが咲く

歩く時間◆約1時間30分
さんぽコース

鎌倉駅
⬇ 徒歩約12分
1 寿福寺
⬇ 徒歩約3分
2 英勝寺
⬇ 徒歩約5分
3 浄光明寺
⬇ 徒歩約8分
4 薬王寺
⬇ 徒歩約8分
5 海蔵寺
⬇ 徒歩約20分
6 銭洗弁財天 宇賀福神社
⬇ 徒歩約8分
7 佐助稲荷神社
⬇ 徒歩約20分
鎌倉駅

※上記の「歩く時間」は神社仏閣／施設などの入口までの目安です。見学時間などは含みません。

マップ上の表記：
P.60 葛原岡神社 ⛩　5 海蔵寺　↑北鎌倉駅　4 薬王寺
日野俊基朝臣の墓　底抜けの井
景清の土牢　浄光明寺 3
銭洗弁財天 宇賀福神社 6　仮粧坂切通し　伝阿仏尼墓
★源氏山公園 P.61　英勝寺 2
鎌倉市　源氏山　源実朝・北条政子墓　寿福寺 1　八坂神社 ⛩
7 佐助稲荷神社
くずきりみのわ C P.133　佐助トンネル
S もやい工藝 P.144　P.57 TUZURU S
C 甘味処 こまめ P.132　栄光教会 ✝
法務局前　P.105 ホテル ニューカマクラ ★
佐助1　P.142 異文化の風 さかゑ S
鎌倉税務署　諏訪神社 ⛩
S 紀ノ国屋
市役所通り　御成トンネル　市役所前
鎌倉市役所 ◎　駅 ⊗市役所前
鎌倉駅 START&GOAL
御成小 ⊗

N　0　200m

---

4 説法中の日蓮像を安置
薬王寺
やくおうじ
MAP 付録P.7 F-1

徳川家、蒲生家とゆかりが深く、寺紋は三葉葵。本堂の日蓮聖人像は、口を結び、実物の法衣をまとう説法中の姿。

☎0467-22-3749　所鎌倉市扇ガ谷3-5-1
時休料拝観自由　交JR鎌倉駅から徒歩17分
Pなし

↑寺は真言宗から日蓮宗に改宗された

---

5 野草も咲き継ぐ萩の寺
海蔵寺
かいぞうじ
MAP 付録P.7 E-1

胎内に仏面を納めた薬師如来像は啼薬師または児護薬師と呼ばれ、子育てのご利益で知られる。緑深い寺は秋の萩をはじめ、山野草も美しい。

☎0467-22-3175　所鎌倉市扇ガ谷4-18-8　時9:30～16:00　休無休　料十六井戸拝観100円　交JR鎌倉駅から徒歩20分　Pあり

↑薬師如来の胎内仏は61年ごとに公開

6 金運アップを祈願　**P.56**
銭洗弁財天 宇賀福神社
ぜにあらいべんざいてん うがふくじんじゃ

---

7 出世運にご利益あり
佐助稲荷神社
さすけいなりじんじゃ
MAP 付録P.6 C-2

稲荷神が源頼朝の夢枕に立ち、平家討伐を勧めたとされ、出世運や開運祈願で知られる。本殿には参拝者が奉納した小さな神狐が無数に並ぶ。

☎0467-22-4711　所鎌倉市佐助2-22-12
時休料境内自由　交JR鎌倉駅から徒歩20分
Pなし

↑鳥居の連なる参道を抜けると拝殿がある

↑陶製の小さな神狐は2体1組2500円

山里を歩いて鎌倉の歴史を知る

葛原岡・大仏ハイキングコース経由
源氏山を越え
長谷の大仏を目指す
げんじやま

史跡の多い源氏山周辺を抜けて大仏まで歩く。
緑に包まれた道程は起伏に富んだコースだ。

源氏山の自然に包まれ
人気の寺社を巡る

　北鎌倉駅から源氏山を経由して長谷駅に至る約3kmのハイキングコース。花寺の浄智寺や金運アップの銭洗弁財天、高徳院の鎌倉大仏など、人気の有名寺社を巡ることができる。アップダウンの連続や急坂もある尾根筋の山道が続くが、開放感あふれる源氏山公園や素敵な森のカフェなどのご褒美も待っている。時折のぞかせる海や街の眺めもお見逃しなく。

↑境内の奥からコースがスタート

歩く・観る●扇ガ谷・源氏山公園周辺

↑石段を上った先には中国風の鐘楼門がたたずむ

1 浄智寺
じょうちじ

北鎌倉 MAP 付録P.4 C-3

緑と花の禅宗寺院

阿弥陀、釈迦、弥勒の三世仏を祀る禅寺。境内の花々が美しい。
あみだ
→P.52

P.61
kamakura 24sekki C

3 葛原岡神社
くずはらおかじんじゃ

源氏山公園周辺 MAP 付録P.7 D-1

人気の縁結びスポット

後醍醐天皇の忠臣として鎌倉幕府討幕に活躍した日野俊基卿を祀る。大黒様を祀る縁結びスポットとしても知られる。悪縁を断つ「魔去ル石」や良縁を運ぶ「縁結び石」は必見。
ごだいご

☎0467-45-9002 所鎌倉市梶原5-9-1 開休料拝観自由 交JR鎌倉駅から徒歩25分 P8台

2 天柱峰碑
てんちゅうほうひ

源氏山公園周辺 MAP 付録P.4 B-3

かつての景勝地に立つ石碑

天柱峰と呼ばれる山の頂に石塔と碑が立つ。元浄智寺住職の中国僧が、眺望の美しかったこの山に、中国の名峰の名をつけた。

↑現在は木々に覆われている

高徳院 6

↑良縁を呼ぶさくら貝御守1500円。赤い糸を通した5円玉もいただける

↑恋愛運アップが期待できる縁結び石

P.65
光則寺 卍

長谷寺 卍
P.63

江ノ島電鉄
極楽寺駅

GOAL
長谷駅

↑境内にハート形の縁結び絵馬が並ぶ

北鎌倉女子学園⊗
高・中

START
北鎌倉駅

N
0　　200m

東慶寺卍

浄智寺 **1**

横須賀線

鎌倉駅↓

天柱峰碑 **2**

葛原岡神社 **3**

日野俊基・
朝臣の墓

銭洗弁財天 **5**
宇賀福神社

4 源氏山公園

源氏山▲

 4 源氏山公園
(げんじやまこうえん)

源氏山公園 **MAP** 付録P.7 E-2

芝生広場でのんびり休憩

　源頼朝が山上に自軍の白旗を立て、平氏追討の戦勝祈願をしたとされる。桜や紅葉の名所に源頼朝像が立つ。テーブルとベンチがあるのでひと休みしたい。

☎0467-45-2750(鎌倉市公園協会)　㊟鎌倉市扇ガ谷4-649-1　㊺休無⼊園自由　㊤JR鎌倉駅から徒歩30分　Pなし

↑鎌倉入りから800年目の昭和56年(1981)に造られた源頼朝像。像がある源氏山公園は桜の名所でもある

 5 銭洗弁財天 宇賀福神社
(ぜにあらいべんざいてんうがふくじんじゃ)

佐助 **MAP** 付録P.7 D-2

金運アップの弁天様を祀る

お金を清めると何倍にもお金が増えると伝わる銭洗水が湧く。 ➡P.56

↑霊水の銭洗水が湧く奥宮

6 高徳院
(こうとくいん)

長谷 **MAP** 付録P.12 C-2

美形の大仏様がお出迎え

高さ約11.3mの露座の大仏が鎮座する。胎内を拝観しよう。 ➡P.62

さまざまな謎を秘めた大仏

歩く時間 ◆ 約1時間15分

ハイキングルート

北鎌倉駅
◆ 徒歩約8分
1 浄智寺
◆ 徒歩約12分
2 天柱峰碑
◆ 徒歩約8分
3 葛原岡神社
◆ 徒歩約5分
4 源氏山公園
◆ 徒歩約10分
5 銭洗弁財天 宇賀福神社
◆ 徒歩約25分
6 高徳院
◆ 徒歩約7分
長谷駅

歩き疲れたら、銭洗弁財天宇賀福神社から鎌倉駅へエスケープすることも可能。散策は無理せず、楽しみたい。時間に余裕のあるプランを立てよう。

※上記の「歩く時間」は神社仏閣／施設などの入口までの目安です。見学時間などは含みません。

ひと休みスポット

自然素材に囲まれた、心安らぐカフェ

kamakura 24sekki
カマクラ ニジュウシセッキ

鎌倉の山あいにある、古民家を改築した週末オープンのベーカリーカフェ。卵や牛乳などの動物性食品を使わないオリジナルのパンを製造・販売する。自然に根ざした店づくりをポリシーに、カフェメニューにも自然栽培や有機栽培の野菜を使用。

MAP 付録P.6 B-3
☎0467-81-5004　㊟鎌倉市常盤923-8　㊺土曜11:30～17:00(カフェLO16:00)　㊡日～金曜　㊤JR鎌倉駅から徒歩20分　P2台

↑カフェコーナーでは、蔵付き麹を使用したできたてパンと、こだわりの食材を使ったメニューが食べられる

源氏山を越え長谷の大仏を目指す

長谷・由比ヶ浜
はせ・ゆいがはま

江ノ電の極楽寺駅から由比ヶ浜駅までの間に広がるエリアで、
大仏様に見守られ、多くの文人たちにも愛された街。
鎌倉のなかでも特に名所や名刹が集中し、多くの観光客で賑わう。

仁王門
におうもん
参詣者を迎える仁王門。内部の
一対の仁王像とともに、18世紀
初頭に移築されたという。

海を望む露座の大仏
高徳院
こうとくいん

顔立ちの美しい阿弥陀如来坐像
今も多くの謎を秘めた巨大仏

　高徳院に鎮座する鎌倉の大仏は、建長4
年(1252)に造立開始、制作には僧・浄光
が勧進した浄財があてられたとされている。
開基や造営目的、現存の銅製大仏の完成
年は不詳だ。大仏殿に安置されていたが、
明応7年(1498)の大地震と津波で建物が倒
壊して以降、露座の大仏となった。総高約
13m、重さ121tは、奈良の大仏に次ぐ規模。
鎌倉期の姿をとどめ、神奈川唯一の国宝仏
に指定された。胎内を拝観できる。

MAP 付録P.12 C-2

☎0467-22-0703　所鎌倉市長谷4-2-28　開8:00～
17:15(10～3月は～16:45)　休無休　料300円(内部
拝観別途50円)　交江ノ電・長谷駅から徒歩7分　Ｐ
なし

肉けい
頭頂部の一段高い盛り上
がり部分のこと。知恵が
多く、脳が大きい証し。

目
まぶたが顔面と垂
直で伏し目がち。見
上げる参拝客と目
が合うのが特徴。

耳
長さ1.9m。耳たぶが肩近
くまであり、穴が開いて
いるのが仏様の特徴。

➡姿は鎌倉期らしい
仏像の特徴を備える

お守りをチェック

心願成就御守り
かわいい大仏様が入った
心願成就のお守り。500円

開運木札
ストラップ
つげ彫り
小さな木に大仏
様が描かれてい
る。500円

➡回廊の大わらじは
茨城県の児童が寄進

⬅大仏を詠んだ与謝野
晶子の歌碑が立つ

手
両手を合わせたポー
ズ(印相)は、最高
の悟りの状態。阿弥
陀如来の特徴。

⚑一年中美しい花が咲くことから「鎌倉の西方極楽浄土」と呼ばれる

四季の花が彩る名刹

長谷寺
はせでら

存在感のある壮大な観音様
散策が楽しい絶景の花寺

　天平8年(736)に、奈良の長谷寺と同じ徳道上人が開山したと伝わる寺院。寺域は、観音山の麓の下境内と中腹の上境内に分かれる。下境内の回遊式庭園を通って階段を上れば、主要堂宇の並ぶ上境内。観音堂には、日本最大級の木造仏の本尊・十一面観音菩薩像を安置する。季節の花々が咲く花寺としても知られる長谷寺。初夏には眺望散策路に約2500株のアジサイが色鮮やかに咲き誇る。街と海を一望できる見晴台からの絶景も見逃せない。

MAP 付録P.12 B-3

☎0467-22-6300　🏠鎌倉市長谷3-11-2　🕐8:00～16:30
(4～6月は～17:00)　🚫無休(観音ミュージアムは臨時休館あり)　💴400円(観音ミュージアムは別途300円)　🚃江ノ電・長谷駅から徒歩5分　🅿あり

お守りをチェック

十一面観音守り(左)
身代わり・心願成就・厄除けのお守り。1000円
願い叶う守り(右)
一(いち)と五(ご)で十分なご利益があるそう。700円

観音堂
かんのんどう

本尊の十一面観音菩薩像を安置。関東大震災で堂宇は大きな被害を受け、本尊を守るために丈夫な鉄筋製で再建された。本尊の造立年は養老5年(721)と伝わるが、現存する本尊の制作年は不詳だ。

地蔵堂
じぞうどう

子安・繁栄にご利益があるという福寿地蔵を祀る。近くに千体地蔵が並ぶ。

阿弥陀堂
あみだどう

源頼朝が42歳の厄除けに建立したと伝わる阿弥陀如来像を安置する。高さ2.8mで鎌倉六阿弥陀のひとつ。

経蔵
きょうぞう

一回転させると功徳を得られるという輪蔵(回転式書架)があり、縁日(毎月18日)など特別日のみ回せる。

見晴台
みはらしだい

鎌倉の街や由比ヶ浜から遠く三浦海岸まで見晴らせる。ベンチがあるのでゆっくりと休憩できる。

観音ミュージアム
かんのんミュージアム

彫刻や縁起絵巻など、仏教美術や文化財を展示(別途金)。文永元年(1264)の梵鐘も展示している。観音堂(本堂)と回廊でつながる。

極楽寺から由比ヶ浜へ
切通しを抜け大仏に会いに行く

小さいながらも個性的な寺社が数多い地域。江ノ電沿いの風景はドラマや映画の舞台になるなど、撮影スポットとしても人気だ。

潮風を感じながら緑のなかを歩き、花や文学の地を巡る

鎌倉のシンボルとして有名な大仏様が鎮座する高徳院を中心に、花の寺・光則寺や成就院など見どころが点在。文学館では鎌倉を愛した文人たちの遺品などが見られる。

◑鎌倉七口のひとつ、極楽寺坂切通し

◑長谷駅と極楽寺駅の間に位置する御霊神社の参道前を走る江ノ電

歩く・観る●長谷・由比ヶ浜

1 鎌倉で唯一の真言律宗寺院
極楽寺
ごくらくじ
MAP 付録P.12A-4

鎌倉中期創建とされ、開山の僧・忍性が建てた貧民救済の病院や療養所があった。春には、北条時宗お手植えと伝わる八重一重咲分け桜が咲く。

☎0467-22-3402 ㊟鎌倉市極楽寺3-6-7 ㊙9:00〜16:30、宝物殿10:00〜16:00 ㊡無休(宝物殿は4月25日〜5月25日、10月25日〜11月25日の火・木・土・日曜のみ開館、雨天休) ㊣無料(宝物殿300円) ㊂江ノ電・極楽寺駅から徒歩2分 ㋱なし

◑茅葺きの山門が迎える

2 縁結びのお不動さんが本尊
成就院
じょうじゅいん
MAP 付録P.12A-4

鎌倉前期、空海が護摩修法を納めた伝説地に北条泰時が創建。本尊の不動明王は、恋人と腕を組むような形から縁結びのお不動さんと呼ばれる。

☎0467-22-3401 ㊟鎌倉市極楽寺1-1-5 ㊙8:00〜17:00 ㊡無休 ㊣志納 ㊂江ノ電・極楽寺駅から徒歩5分 ㋱なし

◑本尊は非公開だが御身分が境内に立つ

◑縁結びのパワースポットとして知られる不動明王像

3 平安期の武勇伝の人物を祀る
御霊神社
ごりょうじんじゃ
MAP 付録P.12B-3

後三年の役で、左目に矢を受けながら奮戦した平安後期の武将・鎌倉権五郎景正を祀る。独特の面をつけて練り歩く9月18日の面掛行列が有名。

☎非掲載 ㊟鎌倉市坂ノ下3-17 ㊙9:00〜16:30 ㊡無休 ㊣無料(宝物殿100円) ㊂江ノ電・長谷駅から徒歩5分 ㋱なし

◑多くの境内社が立ち並ぶ

4 日本最大級の木造観音様
長谷寺 P.63
はせでら

↑由比ヶ浜海岸は、夏は若者たちや家族連れで賑わう人気のビーチ

6 高徳院

鎌倉文学館
（2027年まで休館中）

大仏前

大仏前
大仏前

鎌倉病院 ♨

R ESSELUNGA P.122

7 甘縄神明宮

★吉屋信子記念館 P.107

P.115
割烹・蕎麦 波と風 **R**

足達盛長邸跡

P.140 鎌倉 井上蒲鉾店 本店 **S**

長谷公会堂

5 光則寺

長谷観音前

長谷観音前

長谷観音前

海岸通り

P.116
R かまくら
小花寿司
H ダイヤモンドソサエティ

文学館入口

長谷東町 311 笹目

R 鎌倉前 魚源 P.119

長谷寺 **4**

御霊神社 **3**

P.31 収玄寺 卍

Restaurant Watabe P.123

S 鎌倉 するがや 長谷駅前店 P.148

駅

長谷駅

江ノ島電鉄

GOAL 由比ヶ浜駅

H かいひん荘

R 鎌倉 松原庵 P.122

和田塚入口

熊野新宮 ⛩

P.148 力餅家 **S**

虚空蔵堂 卍

星の井通り

由比ヶ浜

由比ヶ浜

由比ヶ浜4

KKR鎌倉 わかみや

鎌倉海浜公園

・上杉憲方の墓

1 極楽寺

極楽寺坂

極楽寺切通し

坂ノ下

坂ノ下海岸

稲瀬川

由比ヶ浜

公園前

START
極楽寺駅

café recette 鎌倉 **C** P.127

鎌倉海浜公園

2 成就院

相模湾

N

0　　　200m

---

5 草花や樹木が豊富な花寺

光則寺
こうそくじ

MAP 付録 P.12 B-3

北条時頼の家臣・宿屋光則が日蓮の弟子・日朗を幽閉し、のちに日蓮・日朗に帰依して創建。裏山に幽閉した土牢が残る。

☎0467-22-2077 所鎌倉市長谷3-9-7
時8:00～17:00 休無休 料100円 交江ノ電・長谷駅から徒歩6分 Pなし

↑本堂前の樹齢約200年のカイドウが見事

↓

6 数多の謎を秘めた巨大仏

高徳院 ➡ P.62
こうとくいん

---

7 由比ヶ浜を眺望する神社

甘縄神明宮
あまなわしんめいぐう

MAP 付録 P.12 C-2

和銅3年(710)創建の鎌倉最古の神社。源頼義が祈願し義家を授かったことから子宝のご利益もあるとされる。

☎0467-61-3884(鎌倉市観光課) 所鎌倉市長谷1-12-1 時休料拝観自由 交江ノ電・長谷駅から徒歩10分 Pなし

↑高台にある境内は眺めも素晴らしい

歩く時間 ◆ 約50分
さんぽコース

極楽寺駅
◆ 徒歩約2分
1 極楽寺
◆ 徒歩約3分
2 成就院
◆ 徒歩約6分
3 御霊神社
◆ 徒歩約10分
4 長谷寺
◆ 徒歩約6分
5 光則寺
◆ 徒歩約8分
6 高徳院
◆ 徒歩約8分
7 甘縄神明宮
◆ 徒歩約6分
由比ヶ浜駅

※上記の「歩く時間」は神社仏閣／施設などの入口までの目安です。見学時間などは含みません。

二階堂・金沢街道周辺

にかいどう・かなざわかいどうしゅうへん

報国寺の幻想的な竹林、浄妙寺の枯山水庭園など、
非日常を感じさせる名刹へ。北条義時らゆかりの地も点在し、
紅葉シーズンは特に多くの観光客で賑わう。

歩く・観る●二階堂・金沢街道周辺

1000本を超す見事な竹林

ほうこくじ

足利氏と上杉氏の菩提寺
竹林に心癒やされる「竹の寺」

　建武元年(1334)に足利尊氏の祖父・家時が開基の臨済宗寺院。本堂奥には1000本以上の孟宗竹が群生する竹林庭が広がる。抹茶をいただきながら、幽玄な気配漂う竹の庭を見物できる。毎週日曜には、初心者でも受けられる本格的な坐禅会を開催している。

MAP 付録P.11 D-4

☎0467-22-0762 ⬛鎌倉市浄明寺2-7-4 ⬛9:00～16:00 ⬛無休 ⬛高校生以上400円、小・中学生300円 ⬛浄明寺バス停から徒歩3分 ⬛5台

石庭

せきてい

迦葉堂前にある枯山水庭園。寺の開山・天岸慧広が作庭したとされる庭を復元。竹庭とはまったく異なる趣だ。

本堂

ほんどう

南北朝時代の本尊を安置。寺に頻繁に訪れた川端康成が、小説『山の音』の執筆で使用した文机が残る。

竹庭

ちくてい

竹林のそこかしこに、苔むした石塔や名石が点在。茶席から眺め、庭を歩いて、竹林が醸す独特の世界を満喫したい。

鐘楼

しょうろう

分厚い茅葺き屋根が古風。裏手には、鎌倉攻めの戦没者の慰霊塚や無縁仏の五輪塔などが祀られている。

足利一族の墓

あしかがいちぞくのはか

裏山の岩肌を掘った横穴に、報国寺開山である足利家時ら、足利氏一族のものと伝わる墳墓が残されている。

⬆春になると門前が桜で美しく彩られる

ひと休みスポット

境内にある瀟洒な洋館レストラン
石窯ガーデンテラス
いしがまガーデンテラス

鎌倉の地野菜をたっぷり使った料理が好評。目の前にはイングリッシュガーデンが広がり、特にテラス席からの眺めは素晴らしい。

MAP 付録P.11 D-3
☎0467-22-8851 所鎌倉市浄明寺3-8-50（浄妙寺境内）営10:00～17:00（料理LO15:00、カフェLO16:00、季節により変動あり）休月曜（祝日の場合は翌日）交浄明寺バス停から徒歩5分 Pあり

⬆ゆっくり焼き上げたふわふわのキッシュ（手前）。石窯で焼いた香ばしいパン（奥）
※季節によって内容が変わる

鎌倉五山第五位の名刹
浄妙寺
じょうみょうじ

抹茶と枯山水で和の情緒に浸る
足利氏にゆかりの深い禅宗寺院

　文治4年（1188）に創建された密教寺院極楽寺を臨済宗に改宗し、寺名も浄妙寺に改名。鎌倉五山第五位を誇り、多くの塔頭を有する大寺院だった。足利尊氏の父・貞氏が中興開基し、室町時代に隆盛を極めた。本堂裏の墓地には、貞氏の墓と伝わる宝篋印塔がある。白砂が美しい枯山水の庭で知られ、風雅な茶室から侘び寂びの世界を堪能できる。

MAP 付録P.11 D-3
☎0467-22-2818 所鎌倉市浄明寺3-8-31 営9:00～16:30 休無休 料100円 交浄明寺バス停から徒歩2分 Pあり

本堂
ほんどう
宝暦6年（1756）の再建。本尊の釈迦如来像、婦人病にご利益があるとされる淡島明神を祀る。

枯山水庭園
かれさんすいていえん
砂や石で山水風景を表現した典型的な枯山水庭園。茶席・喜泉庵の縁側から眺める景色が素晴らしい。

⬇茶席・喜泉庵では抹茶、落雁のセット660円を味わえる

足利一族の墓
あしかがいちぞくのはか
足利貞氏のものとされる墓（宝篋印塔）。塔の宝生如来の浮き彫りが見られる。

鎌足稲荷神社
かまたりいなりじんじゃ
藤原鎌足が夢に現れた老人の導きで、鎌槍を埋めたとされる地に建立。鎌倉の語源が生まれた伝説の地。

喧騒を離れ、古道を行く

山あいにたたずむ神社仏閣へ

鎌倉と金沢文庫を結ぶ街道沿いには、重要な神社仏閣が点在。山に近い覚園寺や瑞泉寺などは、新緑や紅葉が見事だ。

深く深く、鎌倉の奥へ
静寂が景観美を盛り立てる

森の中へ足を踏み入れると、花や紅葉、庭園など、美しい景観を誇る寺社がひっそりたたずむ。苔むした石段や重厚な建築に歴史の重みを感じながら散策を楽しみたい。

◎周囲を山と緑に包まれた鎌倉宮。観光客もさほど多くなく、ゆったりとした空気が流れる

⬆釈迦堂切通し。3代執権・北条泰時が建てた釈迦堂があった。現在は、崖崩れの恐れがあり、通り抜けできない

---

1 学問の神様に絵馬を奉納

荏柄天神社
えがらてんじんしゃ
MAP 付録P.10 B-2

京都の北野天満宮、福岡の太宰府天満宮とともに日本三古天神と呼ばれ、学問の神様・菅原道真公を祀る。漫画家154人のカッパの絵をレリーフにした絵筆塚があるほか、樹齢900年を超える御神木の大銀杏が育つ。

☎0467-25-1772 所鎌倉市二階堂74 時8:30～16:30 休無休 料無料 交天神前バス停から徒歩1分 Pなし

⬆1月の初天神祭(筆供養)

⬆たくさんの奉納絵馬で覆われた本殿

---

2 中世鎌倉を体感し参拝

覚園寺
かくおんじ
MAP 付録P.10 B-1

建保6年(1218)、北条義時が建てた大倉薬師堂が起源。鎌倉・室町期の堂宇や仏像を参拝でき、中世鎌倉を体感できる。

☎0467-22-1195 所鎌倉市二階堂421 時10:00～16:00(最終受付15:40) 休荒天時、8月、12月20日～1月7日 料大人500円、小・中学生200円 交大塔宮バス停から徒歩8分 Pなし

⬆紅葉のシーズンはひときわ美しい

---

3 後醍醐天皇の皇子を祀る

鎌倉宮
かまくらぐう
MAP 付録P.10 C-2

足利尊氏の謀略によりこの地に幽閉された護良親王を祀るため、明治2年(1869)に明治天皇が創建。親王が幽閉生活を送ったといわれる土牢が今も残る。

☎0467-22-0318 所鎌倉市二階堂154 時9:30～16:30(社務所受付時間) 休無休 料無料(土牢・宝物殿300円) 交大塔宮バス停下車すぐ Pなし

⬆神苑の中にある御祭神ゆかりの品々が置かれている宝物殿

⬆本殿の奥には、護良親王が幽閉されたといわれる土牢が残されている

START
天神前バス停

源頼朝の墓 P.39

卍 来迎寺 P.101

2 覚園寺

3 鎌倉宮

4 瑞泉寺

胡桃山▲

荏柄天神社 1 P.114

鎌倉 阿寓 R

白旗神社

清泉小

岐れ道

岐れ路

関所橋

田楽辻子のみち

大御堂橋

大御堂橋

歌の橋

フレンドリー鎌倉

上杉朝宗邸跡

釈迦堂切通し

報国寺 7

C cafe kaeru P.130

第二小

5 杉本寺

杉本観音

犬懸橋

廣瀬橋

華の橋

熊野神社 卍

石窯ガーデンテラス P.67 R

6 浄妙寺

報国寺入口

GOAL **浄明寺バス停**

茶道宗偏流止観亭

青砥橋
青砥橋

亀ヶ渕橋

永福寺跡

通玄橋

理智光寺橋

大塔宮

宝物殿
社務所
本殿

稲葉越橋

護良親王墓

N
0　　　200m

---

6 枯山水の風雅な庭
浄妙寺 ➡ P.67
じょうみょうじ

7 竹の庭に癒やされる
報国寺 ➡ P.66
ほうこくじ

山あいにたたずむ神社仏閣へ

歩く時間◆約1時間20分
さんぽコース

天神前バス停	
	↓ 徒歩約1分
1	荏柄天神社
	↓ 徒歩約13分
2	覚園寺
	↓ 徒歩約10分
3	鎌倉宮
	↓ 徒歩約16分
4	瑞泉寺
	↓ 徒歩約25分
5	杉本寺
	↓ 徒歩約7分
6	浄妙寺
	↓ 徒歩約5分
7	報国寺
	↓ 徒歩約3分
浄明寺バス停	

※上記の「歩く時間」は神社仏閣／施設などの入口までの目安です。見学時間などは含みません。

---

4 庭も必見の花と紅葉の名所
瑞泉寺
ずいせんじ

MAP 付録P.11 E-2

紅葉や季節の花に恵まれた紅葉ヶ谷にある。鎌倉後期に夢窓疎石が開山し、鎌倉公方の菩提所となった。崖を巧みに利用した疎石の岩庭は国の名勝。

☎0467-22-1191 所鎌倉市二階堂710 時9:00～17:00(入山は～16:30) 休無休 料200円 交大塔宮バス停から徒歩15分 Pなし

↪岩窟が掘られた野趣あふれる往時の岩庭が復元されている

---

5 奈良時代創建の鎌倉最古の寺
杉本寺
すぎもとでら

MAP 付録P.10 C-3

天平6年(734)に行基が創建。南北朝時代に北畠顕家が鎌倉を攻めた際、この地で多くの兵士が戦死。慰霊の五輪塔群が立つ。

☎0467-22-3463 所鎌倉市二階堂903 時9:00～16:00 休無休 料入山料300円 交杉本観音バス停から徒歩1分 Pなし

↪茅葺き屋根の本堂に十一面観音像を祀る

潮風薫る海辺の街は、どこか明るく開放的

大町・材木座
おおまち・ざいもくざ

光明寺裏山の天照山の中腹からは、寺の伽藍や海が一望でき、「かながわの景勝50選」にも選ばれた。北条経時の墓所もある

鎌倉時代に商業の中心地として栄えた。
大町は日蓮が鎌倉入りして初めて草庵を結んだ場所でもあり、
材木座地域とともに日蓮ゆかりの寺院・史跡が多く残る。

歩く・観る●大町・材木座

浄土宗の大本山

光明寺
こうみょうじ

歴代執権の保護を受けた念仏道場

　4代執権・北条経時が、浄土宗第三祖・然阿良忠を開山に招いて寛元元年（1243）に創建。関東の念仏道場の中心として栄えた浄土宗の大本山だ。威風堂々たる山門は、鎌倉最大級の規模。奥に建つ大殿（本堂）も、鎌倉の木造古建築で最大規模を誇る。夏に満開になる蓮や、小堀遠州ゆかりの記主庭園も楽しみたい。

MAP 付録P.15 D-4

☎0467-22-0603 ㊞鎌倉市材木座6-17-19
㋐6:00～17:00 冬季7:00～16:00 ㋡無休
㋙志納 ㋟光明寺バス停から徒歩1分 ㋔あり

山門
さんもん

高さ20m、間口16mもある鎌倉最大級の門。江戸後期の造営で、1層が和風、2層が中国風の建築様式。花見の時期とお十夜の日は上階に上れる。

大殿（本堂）
たいでん（ほんどう）

元禄11年（1698）の建立。幅、奥行きともに約25mで、鎌倉に現存する木造の古建築では最大級。※2024年2月現在改修工事中。桜も一部のみ観覧可

記主庭園
きしゅていえん

江戸の作庭家・小堀遠州ゆかりの池泉式庭園。7月中旬～8月中旬頃には、古代蓮の花が池の水面を幻想的に彩る。

内藤家墓所
ないとうけぼしょ

鎌倉市指定史跡。日向国延岡藩の城主・内藤家の歴代墓地で、江戸時代初期以来代々のものが一墓地に建立されている。

祖師堂
そしどう
脇に張り出した急傾斜の大屋根が圧倒的な存在感を示す。鎌倉最大の規模を誇る仏堂に日蓮聖人と門弟の日朗聖人、日輪聖人を祀る。

光明寺／妙本寺

➋祖師堂前に植えられたカイドウ。春にはピンクの花が咲く

深い緑に抱かれた名刹

妙本寺
みょうほんじ

権力の狭間で滅んだ比企家を祀る日蓮宗最古の寺院

　比企の乱で北条時政に謀殺された比企能員の屋敷跡。子の能本公が一族の菩提を弔うため、日蓮聖人を招いて文応元年(1260)に創建。比企家の悲運の歴史を伝える供養塔や塚が点在。日蓮宗の開祖・日蓮聖人を祀る祖師堂の大屋根、緑や紅葉に映える二天門が、名刹としての風格を見せる。

MAP 付録P.9 D-4

☎0467-22-0777 所鎌倉市大町1-15-1 時9:00～16:00頃 休無休 料志納 交JR鎌倉駅から徒歩10分 Pあり

総門
そうもん
比企谷幼稚園の横、境内入口に建つ四脚門。現在の門は、関東大震災で倒壊した2年後の大正14年(1925)に再建された。

二天門
にてんもん
江戸後期建立。仏教四天王のうち持国天と毘沙門天の二天を安置。脇の大カエデとの競演や極彩色の龍の彫刻が素晴らしい。

比企一族の墓
ひきいちぞくのはか
北条時政が権力保持のため比企能員を謀殺。この比企の乱で比企家は滅亡した。祖師堂の傍らに4基の五輪塔が並ぶ。

蛇苦止堂
じゃくしどう
比企の乱で池に身を投げ蛇神となった比企能員の娘・讃岐局。その怨念を日蓮聖人が成仏させ、蛇苦止大明神として祀った。

71

かつての賑わいを偲んで
海辺に近い素朴な街を歩く

日蓮ゆかりの史跡と、商いで栄えた跡を
たどるのが観光の王道。観光客は少なめで、
休日でも比較的のびのび散策できる。

まったりとした雰囲気のなか
日蓮と鎌倉の歴史に出会う

若宮大路から海に続くエリア。路地
に入ると、閑静な住宅街が広がる。
住宅街を抜けてそのまま歩いて行く
と、海までの道すがらに日蓮宗の布
教の足跡をたどることができる。

⤴石の柵に囲ま
れ、蓋がされてい
る日蓮乞水。鎌倉
五名水のひとつ

⤴安養院のツツジの見頃はGW前後。美しく刈り込まれた
緑にピンクの花が際立つ

1 佐渡帰りの日蓮大聖人が滞在
本覚寺
ほんがくじ
MAP 付録P.8 C-4

2代目住職・日朝上人が自身の眼病を克
服したところから眼病平癒の「日朝さま」
と親しまれる。身延山から日蓮の遺骨の
一部を納めた分骨堂が建つ。

☎0467-22-0490 所鎌倉市小町1-12-12 開
休料拝観自由 交JR鎌倉駅から徒歩5分 P
なし

⤴本堂前のサルスベリが夏に赤い花を咲かせる

4 政子ゆかりのつつじ寺
安養院
あんにょういん
MAP 付録P.15 D-1

この地に建っていた善導寺を、北条政
子が頼朝の菩提寺である笹目ヶ谷の長楽
寺に統合。鎌倉最古の宝篋印塔がある。

☎0467-22-0806 所鎌倉市大町3-1-22 開8:
00～16:00(最終受付15:45) 休7月8日、12月
29～31日 料200円 交JR鎌倉駅から徒歩12
分 Pあり

⤴本堂側にはオオムラサキツツジが咲き誇る

3 日蓮聖人を救った尼の屋敷跡
常栄寺
じょうえいじ
MAP 付録P.15 D-1

刑場へ向かう日蓮に、信者の桟敷尼が
ぼた餅を捧げたところ、日蓮は処刑を免
れたという。その法難があった9月12日、
寺でぼた餅の接待をする。

☎0467-22-4570 所鎌倉市大町1-12-11 開
6:00～17:00 休無休 料無料 交JR鎌倉駅
から徒歩10分 Pなし

2 最古の日蓮宗寺院
妙本寺 ➡P.71
みょうほんじ

⤴寺は江戸初期に創建。通称「ぼたもち寺」

5 日蓮の聖地に建つ苔寺

妙法寺
みょうほうじ

MAP 付録P.15 E-2

日蓮が建長5年(1253)に鎌倉で最初に結んだ草庵跡とされる。草庵はその7年後に焼き討ちされた。南北朝期に護良親王の子・日叡が再興した。

☎0467-22-5813 ⏺鎌倉市大町4-7-4 ⏰9:30〜16:30 ⏹12月初旬〜3月中旬、7月初旬〜9月中旬の平日、雨天時 ⏵大人300円、小学生200円 ⏴JR鎌倉駅から徒歩18分 Ⓟなし

↑夏季と冬季の平日は草庵跡・苔石段は参拝できない

6 日蓮ゆかりの史跡が多く残る

安国論寺
あんこくろんじ

MAP 付録P.15 E-2

日蓮最初の草庵跡。日蓮が『立正安国論』を執筆した岩窟のほか、焼き討ちの際に難を逃れた南面窟、法華経を唱えた富士見台などがある。サザンカや妙法桜のほか、四季折々の花も魅力。

☎0467-22-4825 ⏺鎌倉市大町4-4-18 ⏰9:00〜16:30 ⏹月曜(祝日の場合は開門) ⏵100円 ⏴JR鎌倉駅から徒歩15分 Ⓟなし

↑日蓮が白猿に導かれて焼き討ちの難を逃れたという南面窟

7 壮大な浄土宗大本山

光明寺 ⮕ **P.70**
こうみょうじ

START
鎌倉駅

本覚寺 1
妙本寺 2
祖師堂
常栄寺 3
鎌倉市
鎌倉教会
下馬
四ツ角
下馬
大町橋
教恩寺
鎌倉・文具と雑貨の店 コトリ P.142
新羅三郎義光の墓
延命寺
八雲神社
大宝寺
小学校前
大町四ツ角
別願寺
北条政子の供養塔
えんま橋
和菓子
大くに P.148
安養院 4
鎌倉女学院高・中
名越
妙法寺 5
病院前
ヒロ病院
本興寺
中道橋
三枚橋
P.87 由比若宮(元八幡)
見田記念体育館
上河原橋
元八幡
横須賀線
安国論寺 6
額田記念病院
上河原
水道路
御法窟
水道路
啓運寺
妙長寺
日蓮乞水
臨海学園
材木座5
向福寺
五所神社
来迎寺
五所神社
7 光明寺
GOAL
光明寺バス停
亀時間
実相寺
九品寺
九品寺前
九品寺

N
0　　200m

歩く時間 ◆ 約1時間
さんぽコース

鎌倉駅
↓ 徒歩約5分
1 本覚寺
↓ 徒歩約5分
2 妙本寺
↓ 徒歩約5分
3 常栄寺
↓ 徒歩約5分
4 安養院
↓ 徒歩約7分
5 妙法寺
↓ 徒歩約4分
6 安国論寺
↓ 徒歩約25分
7 光明寺
↓ 徒歩約1分
光明寺バス停

※上記の「歩く時間」は神社仏閣／施設などの入口までの目安です。見学時間などは含みません。

日蓮が歩んだ多難な人生

承久4年(1222)に、現在の千葉県鴨川市に生まれた日蓮は、16歳で出家したのち、各地で仏教を学ぶ。故郷に戻ると、建長5年(1253)に日蓮宗を開宗。同年、鎌倉へ移り、松葉ヶ谷の草庵を拠点に辻説法を行った。天変地異や疫病が相次いでいた文応元年(1260)、日蓮は前執権・時頼に『立正安国論』を呈上。「法華経を信仰して国家を安穏にしよう」と訴えた。他宗派を批判したことで幕府の怒りをかい、日蓮はたびたび襲撃され、斬首の危機に見舞われたり、伊豆や佐渡へ流罪となってしまう。文永11年(1274)の赦免後は身延山に入山。弘安5年(1282)に61歳で入滅した。

海辺に近い素朴な街を歩く

潮風が心地よいシーサイドエリア

稲村ヶ崎・七里ヶ浜

いなむらがさき・しちりがはま

眺望が見事な海辺の街。富士山や伊豆半島まで見渡せる。
海沿いに延びる国道134号は絶好のドライブルートで、
絶景を望むレストランも点在する。

鎌倉時代の戦いの伝説が残る
湘南きっての景勝スポット

稲村ヶ崎
いなむらがさき
MAP 付録P.19 E-4

湘南随一の景勝を誇るサーファー
のメッカ。鎌倉時代末期の古戦場
としても知られており、鎌倉攻め
の際に新田義貞が稲村ヶ崎の海に
太刀を投げ入れ祈念したところ、
潮が引いたため崖下の干潟を通っ
て鎌倉に進軍したとの伝説が残る。
七里ヶ浜西の腰越は、 源 義経と
頼朝の兄弟の確執を物語る地で、
現在は公園として整備されている。

☎0467-45-2750(鎌倉市公園協会)
🏠鎌倉市稲村ガ崎1(鎌倉海浜公園 稲
村ヶ崎地区)🕐無休🎫入園自由 🚃江ノ
電・稲村ヶ崎駅から徒歩3分 🅿なし

⬆稲穂を積んだ稲叢(いなむら)に見えるのが、稲村ヶ崎の名の由来

⬇稲村ヶ崎から望む夕景の江の島。天気が良いと富士山もよく見える

人気の撮影スポットへ行こう

七高通り
ななこうどおり
MAP 付録P.18 C-3

坂の上から江ノ電や海を見下ろす。望
遠レンズで撮影すれば背後に海が迫り、
より臨場感が出る。終日逆光気味だが、
午後は完全な逆光になるので注意。

歴史にその名を刻む寺社仏閣たち

腰越周辺の古刹を巡る

義経の腰越状で知られる満福寺をはじめ、
鎌倉の歴史を知るうえで重要なスポットが点在している。

⬆江ノ電の踏切を渡り石段を上ると満福寺

江の島を望む崖上の神社

小動神社

こゆるぎじんじゃ

腰越 **MAP** 付録P.17 D-3

新田義貞が鎌倉攻めの戦勝祈願をし、
討幕後に太刀と黄金を寄進したと伝えら
れる。断崖上の境内にある展望台から
は眺望抜群で、江の島を見晴らせる。

☎0467-31-4566 所鎌倉市腰越2-9-12 開休
料境内自由 交江ノ電・腰越駅から徒歩5分
Pなし

⬆鎌倉初期の創建。景勝地の小動崎に建つ

兄に拒絶された義経が滞在

満福寺

まんぷくじ

腰越 **MAP** 付録P.17 E-2

源 義経が壇ノ浦の帰り、兄・頼朝に
鎌倉入りを禁じられ留まった寺。義経
が和解を求めて記した書状「腰越状」
の弁慶筆とされる下書きが残る。

☎0467-31-3612 所鎌倉市腰越2-4-8 開9:
00~17:00 休無休 料200円 交江ノ電・腰
越駅から徒歩3分 Pあり

⬆本堂前に、腰越状の下書きをする弁慶と義経
の石像が立つ

日蓮聖人法難の地の椿寺

龍口寺

りゅうこうじ

片瀬 **MAP** 付録P.17 D-2

日蓮聖人が処刑を免れた龍口刑場の
跡地。弟子の日法が延元2年(1337)に
草庵を建てたのが起源。初春には境内
や裏山に椿が咲く。

☎0466-25-7357 所藤沢市片瀬3-13-37 開
9:30~16:00 休無休 料無料 交江ノ電・江
ノ島駅から徒歩5分 Pあり

⬆木造欅造りの五重塔は 　⬆仁王門手前には
神奈川県唯一 　　　　　　龍口刑場跡の碑が
　　　　　　　　　　　　　立つ

稲村ヶ崎　腰越周辺の古刹を巡る

75

和牛アボカドハンバーグ
with ジンジャーソース 1900円
和牛100%のハンバーグとアボカドが絶妙。サ
ラダ、ライス、ドリンク付き。写真のドリンク
は、アサイーとフレッシュフルーツのスムー
ジー(追加400円)

穏やかな空気感に包まれて
海を眺めながらリラックス

Double Doors 七里ガ浜

ダブル ドアーズ しちりがはま

七里ヶ浜 **MAP** 付録P.18 C-3

アンティーク家具や雑貨を配した店内は、ゆったりと時間が
流れる心地よい雰囲気。窓の外には七里ヶ浜の海が広がり、
特に夕暮れどきの景色は格別だ。昼は、ハンバーグやパスタ
などのセットメニューが人気で、サラダのドレッシングもす
べて手作り。夜はのんびりお酒を楽しみたい。

☎0467-33-1593
所鎌倉市七里ガ浜東2-2-2
営11:00～22:00(LO21:00)
休無休
交江ノ電・七里ヶ浜駅から徒歩2分
P なし

| 予約 | 可(季節により条件あり) |
| 予算 | L 1500円～ D 3000円～ |

→波音が響くテラス席。海辺のリゾー
トを訪れた気分でくつろげる

→大きな窓から海を望む。愛犬連れも
全席OK

相模湾を望む

ピッツァ デラセーラ
1920円
パリッと薄い生地の上に新鮮
なトマトとチーズがたっぷり

青の洞窟 830円
イタリアの青の洞窟をイメー
ジしたオリジナルカクテル

崖上のテラス席から見渡す
180度の絶景パノラマ

Amalfi DELLA SERA

アマルフィ デラ セーラ

七里ヶ浜 **MAP** 付録P.18 B-3

江ノ電の線路を横切り、細い階段を上って行くと、突如現れ
る絶景レストラン。視界を遮るものは何もなく、眼下に広が
る雄大な海は息をのむほど美しい。料理は、地元の素材を取
り入れた気取らないイタリアン。石窯で焼き上げるピザをは
じめ、前菜、サラダ、パスタなどが揃う。

☎0467-32-2001
所鎌倉市七里ガ浜1-5-10
営10:30～21:00(LO20:00)※天候により
変更の場合あり
休1月1日 交江ノ電・七里ヶ浜駅から徒
歩5分 P あり

↑湘南の海を一望
できる場所に立地

| 予約 | 可 |
| 予算 | L 2000円～ D 3000円～ |

→晴れた日は、富士山や大島を一望できる

目の前に海が広がる素敵なレストラン。
味も雰囲気も抜群なお店を厳選紹介です。

贅沢な食卓

メインディッシュがえらべるランチコース6215円
牛ロース肉のロティ 赤ワインソース(上)。白身魚のパヴェ バルサミコクリーム(左下)。デザート(右下)。ほかオードブル、本日のスープ、パン、コーヒーが付く。どの料理も素材の味を引き立てたシェフこだわりの味 ※メニューは一例

TAVERNA RONDINO

40年にわたって愛される
海沿いの老舗イタリアン
TAVERNA RONDINO
タベルナ ロンディーノ

イカ墨のスパゲッティ
1600円(税別)
創業時から不動の人気を誇る一品。細めのパスタに濃厚なイカ墨がしっかり絡んでいて美味

稲村ヶ崎 **MAP** 付録P.19 E-4

昭和55年(1980)のオープン以来、本場イタリアの味を提供し続ける名店。まるで地中海にたたずむレストランのような雰囲気で、長年通う常連客も多い。創業当時からの定番料理のほか、旬の魚介を使った季節メニューも評判。1階では気軽にアラカルト、2階ではコース料理が味わえる。

☎0467-25-4355
鎌倉市稲村ガ崎2-6-11
営1階11:30～21:30(LO21:00) 2階11:30～15:00(LO14:00) 17:00～21:00(LO20:00) 休火曜 交江ノ電・稲村ヶ崎駅から徒歩1分 Pあり

予約	可(1階の土・日曜、祝日は予約不可)
予算	L2500円～ D4500円～

レストラン ル・トリアノン

大きな窓一面に広がる
紺碧の美しい海に感動
レストラン ル・トリアノン

七里ヶ浜 **MAP** 付録P.18 C-3

どこまでも続く水平線を眺めながら、本格的なフランス料理をカジュアルに楽しめる。鎌倉野菜など地の食材を生かした料理は、ホテルならではの洗練された味わいだ。デザートやコーヒーまで堪能できるランチコースがおすすめで、ゆっくりとしたひとときを過ごせる。

☎0467-32-1111
鎌倉市七里ガ浜東1-2-18 鎌倉プリンスホテル2F 営7:00～10:00(LO9:30) 11:30～15:00(LO14:30) 17:00～20:30(LO20:00) 休無休 交江ノ電・七里ヶ浜駅から徒歩8分 Pあり

予約	望ましい
予算	B3955円～ L4520円～ D7345円～

国道134号沿いの黄色い建物。海のイメージの明るい店内(下)

眺望抜群のテラス席は、潮風と陽光が心地よい

高台から相模湾を望む最高の立地

湘南のシンボル、江の島を遊ぶ

江の島・片瀬海岸
えのしま・かたせかいがん

かつて「絵のように美しい島」と謳われた江の島。
島内にはパワースポットとして人気の江島神社や、展望灯台、
自然が生み出した洞窟などがあり、訪れる人を魅了している。

参拝のあとはグルメを楽しむ

江の島
えのしま

史跡や景勝地に恵まれた伝説地
見どころ豊富な観光アイランド

鎌倉にはその昔、悪行を重ねる五頭龍がいたが、天女に恋をして改心したという五頭龍伝説が残されている。天女は弁財天として江の島の岩屋に祀られ、江の島信仰の起源となった。鎌倉時代には、源頼朝が江島神社を創建。江戸時代になると、参拝を兼ねた物見遊山の庶民らで江の島は大いに賑わったという。今では水族館などの観光スポットや景勝地、信仰と伝説の跡など、多くの見どころが用意された観光地として人気が高い。

観光 information

江の島エスカー

標高差46m、全長106mを3区4連のエスカレーターでつないでいる。営 8:50〜19:05 休無休 料360円、小学生180円

江の島1day

江の島の主要スポットの入場券がセットになったチケット。江の島エスカー、江の島サムエル・コッキング苑、江の島シーキャンドル（展望灯台）、江の島岩屋が1日に何度でも楽しめる。　料1100円、小学生500円 販売場所片瀬江の島観光案内所／藤沢市観光センター／江の島エスカー乗り場(1区窓口) ※荒天やイベント開催などにより取扱中止の場合あり

江の島シーキャンドル
えのしまシーキャンドル

海抜約100mの展望フロアからは360度の絶景が見渡せる。

稚児ヶ淵
ちごがふち

磯に下りることができる。夕景がきれいなロケーション。

江の島岩屋
えのしまいわや

海水浸食によりできたといわれている洞窟。

こちらも立ち寄って！
2つの人気大型スポット

↑魚たちとダイバーの
ショーは毎日開催

↑お風呂やスパプールからの眺望が素晴らしい

幻想的なクラゲに癒やされる
新江ノ島水族館
しんえのしますいぞくかん

約70年のクラゲ飼育・研究と展示手法を
生かしたクラゲ空間や相模湾の海中世界
を再現した大水槽、産卵場を備えたウミ
ガメの浜辺など多彩な展示が魅力。人気
のアザラシやペンギンにも会える。

MAP 付録P.16 B-2
☎0466-29-9960 所藤沢市片瀬海岸2-19-1
時9:00〜17:00(入場は〜16:00)※変動あり 休
無休(臨時休館日あり)料2500円 交江ノ電・
江ノ島駅から徒歩10分 Pなし

↑中央にはクラゲを美しく展示するために考案
した球型水槽「クラゲプラネット」を設置

江の島入口の日帰り温泉&プール
江の島アイランドスパ
えのしまアイランドスパ

湘南海岸と天気が良ければ富士山を望む
温浴施設。レストランやボディトリートメン
トが揃うほか、ホテルで宿泊も可能。

MAP 付録P.17 F-3
☎0466-29-0688 所藤沢市江の島2-1-6 時
天然温泉7:00〜21:00(最終受付20:00)、プー
ル10:00〜20:00(10〜3月は〜18:00) 休温泉
は無休、ほか施設により異なる、5・12月の年2
回メンテナンス休館あり 料大人3000円ほか
交江ノ電・江ノ島駅から徒歩14分 Pなし
※小学生は火曜入館不可、未就学児は全日入館
不可

江の島

江の島 主な行事／法要

1月上旬〜下旬　江の島ウインターチューリップ
江の島サムエル・コッキング苑のチューリップが見頃
を迎える。

1月中旬　寒中 神輿錬成大会
かんちゅう こしれんせい
成人祝いの神事後、冬の片瀬東浜で御輿が渡御。

6月上旬　江の島大道芸フェスティバル
トップレベルの大道芸の披露や大道芸教室も開催。

7月中旬　江の島天王祭
てんのうさい
八坂神社の御輿が小動神社に向けて海を渡る。

8月　江の島灯籠
江の島が灯籠の明かりでライトアップされる。

10月　ふじさわ江の島花火大会
約3000発の花火が海に照らされ打ち上がる。

10月中旬〜11月上旬　湘南キャンドル
江の島があたたかいキャンドルの光に包まれる。

11月下旬〜2月下旬頃　湘南の宝石
江の島各所がイルミネーションで浮かび上がる。

風光明媚な景勝地

江の島の絶景を求めて

賑わう参道を歩いて江島神社へお参り。さらに展望灯台を過ぎ小径を進めば、最高の風景に出会える。

湘南を代表する観光地をハイキング気分で散策

青銅の鳥居をくぐった先、みやげ物店や食事処が立ち並ぶ参道を抜けると、正面に江島神社がたたずむ。さらに奥へ進むと360度のパノラマが広がる展望灯台を有する庭園や、探検気分を楽しめる洞窟など、ここだけのお楽しみが充実している。

参道グルメ

江の島の食べ歩きの定番 MAP 付録P.17 F-3

あさひ本店
あさひほんてん

新鮮なイイダコをまるごと200℃で瞬間プレス。旨みを凝縮した香ばしいせんべいは江の島の味。

☎0466-23-1775 所藤沢市江の島1-4-8 営9:00～18:00 休木曜、荒天時

丸焼きたこせんべい500円

老舗の甘味でひと休み MAP 付録P.17 F-3

井上総本舗
いのうえそうほんぽ

大正14年(1925)に創業した和菓子店。貝もなかや女夫饅頭は江の島みやげに人気がある。

☎0466-22-4640 所藤沢市江の島2-1-9 営10:00～18:00(土・日曜は～19:00) 休火・金曜

ほどよい甘さの餡と抹茶アイスもなか400円

職人が作る老舗の味 MAP 付録P.17 F-3

元祖紀の国屋本店
がんそきのくにやほんてん

ふわふわの女夫饅頭や貝の形の江の島もなかが人気。イートインでお茶とともに味わいたい。

☎0466-22-5663 所藤沢市江の島2-1-12 営8:30～18:00 休水曜

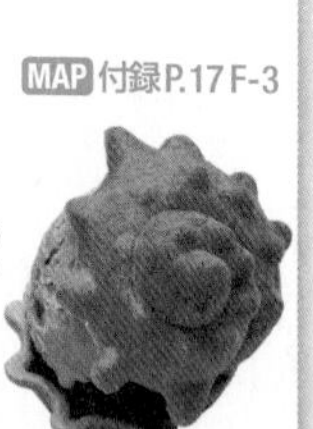

貝の形がかわいらしいアイスもなか350円

1 弁財天に金運や幸福を願う

江島神社(辺津宮)
えのしまじんじゃ(へつみや)

MAP 付録P.17 F-4

奥津宮(おくつみや)、辺津宮(へつみや)、中津宮(なかつみや)の3社の総称。それらに祀られる3女神と江島弁財天を祀る。交通や幸福、財宝、芸道上達の神。八臂(はっぴ)、妙音の両弁財天像が有名。

☎0466-22-4020 所藤沢市江の島2-3-8 開拝観自由、奉安殿8:30～17:00 休無休 料無料(奉安殿200円) 交江ノ電・江ノ島駅から徒歩20分 Pなし

妙音弁財天像は縁結びのご利益でも人気

中津宮
なかつみや

中津宮は9世紀半ば創建。社殿は近年改修され色鮮やかに。江戸期の石灯籠も並ぶ

奥津宮
おくつみや

江戸後期に再建された奥津宮。拝殿の天井には「八方睨みの亀」が描かれている

2 眺めの良い歴史的な庭園

江の島サムエル・コッキング苑
えのしまサムエル・コッキングえん

MAP 付録P.17 E-4

明治時代の英国人貿易商サムエル・コッキングが造営した和洋折衷の大庭園跡を整備。当時の温室の遺構を見学でき、南国植物や椿、バラなど季節の花も楽しめる。海抜約100mの高さから海を一望できる「江の島シーキャンドル(展望灯台)」も人気。

☎0466-23-2444 所藤沢市江の島2-3-28 開9:00～20:00(入苑は～19:30) 休無休 料無料(イベント時は日中無料、17時以降出場500円)、江ノ島シーキャンドルは別途500円 交江ノ電・江ノ島駅から徒歩25分 Pなし

サンセットテラスからの美しい夕景

N

0 200m

START&GOAL
江ノ電・江ノ島駅、
小田急・片瀬江ノ島駅

相模湾

●オリンピック
記念噴水池

P.79 江の島アイランドスパ ★
P.80 井上総本舗 S
P.80 元祖紀の国屋本店 S

鳥居
江ノ島

恵比寿屋

岩本楼 H あさひ本店
P.80

江島神社(辺津宮) 1

江の島サムエル・コッキング苑 2

●遊覧船のりば

江之島亭 R
P.82

江島神社奥津宮 卍

R 江ノ島
魚見亭 P.82

海上亭 H

江の島
シーキャンドル

児玉神社 卍
江の島エスカー

江の島大師 卍

恋人の丘
(龍恋の鐘)

4 江の島岩屋

3 稚児ヶ淵

龍野ヶ岡
自然の森

C iL-CHIANTI CAFE 江の島 P.83
C しまカフェ 江のまる P.83

江島神社
中津宮

聖天島
公園

女性センター

タイドプール●
●サザエ島

湘南港

江の島ヨット
ハーバー

桟橋 W

歩く時間 ◆ 約1時間10分
さんぽコース

江ノ電・江ノ島駅
↓ 徒歩約15分
参道入口(鳥居)
↓ 徒歩約5分
1 江島神社(辺津宮)
↓ 徒歩約6分
2 江の島サムエル・コッキング苑
↓ 徒歩約10分
3 稚児ヶ淵
↓ 徒歩約2分
4 江の島岩屋
↓ 徒歩約26分
小田急・片瀬江ノ島駅

江の島への最寄り駅は、小田急・片瀬江ノ島駅、江ノ電・江ノ島駅、湘南モノレール・湘南江の島駅の3つ。

※上記の「歩く時間」は神社仏閣／施設などの入口までの目安です。見学時間などは含みません。

江の島の絶景を求めて

❤秋季に開催される「湘南キャンドル」

⬆冬季に開催されるイベント「湘南の宝石」

3 悲恋伝説の残る景勝地

稚児ヶ淵
ちごがふち

MAP 付録P.16A-4

地震による隆起で海上に現れた波食台。相承院の稚児が悲恋により崖から身を投げたとの伝説が残る。富士山と夕日の絶景が見られる。

☎0466-24-4141(片瀬江の島観光案内所)
所藤沢市江の島2-5 開休料見学自由(天候などにより立ち入り不可の場合あり) 交江ノ電・江ノ島駅から徒歩45分 Pなし

⬆かながわの景勝50選に選ばれた絶景

4 伝説の地の洞窟を探検

江の島岩屋
えのしまいわや

MAP 付録P.16A-4

島の最奥部にある、波の浸食により生まれた海食洞窟。江の島信仰の発祥地とされ、歴史や文化の展示を見ながら内部を見学できる。

☎0466-22-4141(藤沢市観光センター)
所藤沢市江の島2 開9:00〜17:00(季節、イベントにより延長の場合あり) 休無休(天候などにより閉洞の場合あり) 料500円
交江ノ電・江ノ島駅から徒歩45分 Pなし

⬆照明や音響で演出された洞窟内を見学

絶景もあり! 江の島グルメ
美味なる海の幸を

目の前に広がる胸のすくような景色とともに
地元の食材をふんだんに使った料理を堪能。

絶好のロケーションで
海鮮どんぶりに舌鼓

江ノ島 魚見亭
えのしまうおみてい

MAP 付録P.16A-4

漁で獲れた新鮮な魚を料理し、提供してきた創業150年の老舗。伊豆大島、箱根、富士山までが一望でき、目の前に広がる海を眺めながら食べる海の幸は格別。磯の香りが弁天参りの疲れを癒やしてくれる。

☎0466-22-4456
所藤沢市江の島2-5-7 営10:00～17:00(LO) 休無休(荒天時は休業) 交江ノ電・江ノ島駅から徒歩30分 Pなし

予約	不可
予算	Ⓛ 990円～

しらす丼(釜揚げ)1200円
漁港から直送される釜揚げしらすはしょうが醤油でさっぱりと

江の島丼 1100円
新鮮なサザエの身を割り下で煮て、卵でとじた江の島名物

↑広々とした座敷席でゆったりと味わえる

↑夏場はテラス席を利用したい

風吹く絶景テラスで
自慢の磯料理をいただく

江之島亭
えのしまてい

MAP 付録P.17E-4

創業明治42年(1909)の老舗。近隣の海で獲れた新鮮な魚介を使った料理を中心に、丼や御膳など充実のメニュー。その日のおすすめ魚が書かれたホワイトボードはチェックしておきたい。

☎0466-22-9111
所藤沢市江の島2-6-5 営10:30～17:30(土・日曜は～19:00) 休不定休 交江ノ電・江ノ島駅から徒歩30分 Pなし

予約	可
予算	ⓁⒹ 860円～

まかない丼
1870円
ぶつ切り刺身としらすがてんこ盛りの丼。やまかけをかけていただく

↑晴天時はテラス席がおすすめ

江の島丼 1210円
コリコリのサザエを卵でとじた丼。旨みが凝縮された人気メニュー

欧風も和テイストも、江の島にお似合い

くつろぎのカフェ

潮風吹くテラスや緑に囲まれた古民家カフェで
心ゆくまでのんびりと海辺の休日を満喫する。

心地よい潮風を感じながら
100種を超える多彩な料理を味わう

iL-CHIANTI CAFE 江の島
イルキャンティカフェえのしま

MAP 付録P.17 F-4

江の島の頂上、断崖絶壁の上に建つイタリアンカフェ。どの席からも青い空と海が広がる。キリッと冷えたスパークリングワインとともに、この絶好のロケーションをゆっくり楽しみたい。

☎0466-86-7758
所藤沢市江の島2-4-15
営11:00～21:00(LO20:00) 休無休 交江ノ電・江ノ島駅から徒歩25分
Pなし

→シチリア島の岸壁に建つカフェをイメージ

予約 可
予算
Ⓛ1500円～
Ⓓ2500円～

←天井が高く開放的な明るい店内

冷製江ノ島スパゲティ 1490円(M)
しらすやムール貝、ぷりぷりのエビなど魚介がたっぷり。ピリ辛トマトスープ仕立て

しらすピッツァ 1534円(M)
釜揚げしらすとトマトソースの酸味が絶妙のサクサクのピッツァ

穏やかな時間が流れる
古民家カフェでひと休み

しまカフェ 江のまる
しまカフェえのまる

MAP 付録P.17 E-4

築90年以上になる大正時代の家屋をリノベーション。江の島・鎌倉に魅せられた夫婦が都内から江の島に移り住み、営んでいる。ゆったりと並べられた席は居心地がよく、時を経た空間独特の雰囲気に心がほころんでいく。

☎0466-47-6408
所藤沢市江の島2-3-37
営11:00～日没 休水曜、火曜不定休 交江ノ電・江ノ島駅から徒歩25分 Pなし

↑高い天井と梁が印象的な、広々とした造りの店内

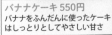

予約 不可
予算 Ⓛ1430円～

バナナケーキ 550円
バナナをふんだんに使ったケーキはしっとりとしてやさしい甘さ

抹茶ババロア 550円
ほろ苦い抹茶ババロアに添えられた生クリームと煮小豆が好相性

乗ってワクワク、見てドキドキ？
江ノ電の小さな旅

民家の前を、自動車と一緒に走る。海が見えてきたら、
思わず歓声を上げたくなる。約10km、34分の感動の旅へ。

**住宅やお寺の脇を抜けてシーサイドへ
魅力たっぷりのミニ鉄道**

　藤沢と鎌倉を結ぶ江ノ島電鉄、通称・江ノ電は、明治35年(1902)に運転を始めた日本で6番目に古い電気鉄道。約10kmの距離に15の駅を設け、江の島や鎌倉など、周辺の人気観光地や景勝地を約34分で結ぶ。藤沢駅を出発した電車はしばらく閑静な住宅街を走り、江ノ島駅から1駅だけ、路面電車のように車道を走る。腰越駅からは住宅街を縫うように、民家の軒先や垣根を抜けて進んでいく。じきに視界が開けると、目の前には相模湾の大海原。しばらく海の絶景を楽しみ、レンガのトンネルを抜ければ、やがて鎌倉駅に到着。沿線の魅力をギュッと詰め込んだ江ノ電の旅を楽しもう。

歩く・観る●江の島・片瀬海岸

○ 1979年に製造された1000形。鉄道友の会「ブルーリボン賞」受賞

① 住宅地のなかを走る

交通情報は
P.154

腰越駅〜鎌倉高校前駅間は、カーブが続くのんびり走行区間だ。建物の横を通過する電車と沿線の生活感を楽しめる。

○梅雨どきは沿線にアジサイの花が。御霊神社付近も有名な撮影スポットなので必見

○腰越の住宅街の狭い路地を軒先スレスレに走る

② 車とともに走る

江ノ島駅〜腰越駅間の線路は併用軌道と呼ばれ、車と電車が一緒に走る江ノ電ならではの景色を見ることができる。

○江ノ電と車が同じ領域を走る路面区間

③ 参道を横切る踏切

極楽寺駅〜長谷駅間の御霊神社は踏切前が鳥居(写真)。腰越駅近くの満福寺は踏切からすぐに寺の石段が続く。古都の風情と電車が溶け合う場所で、人気の撮影スポットだ。

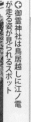

○御霊神社は鳥居越しに江ノ電が走る姿が見られるスポット

東海道本線
藤沢駅
石上駅
本鵠沼駅
柳小路駅
鵠沼駅
江ノ島電鉄
鵠沼海岸駅
湘南モノレール
西鎌倉駅
湘南海岸公園駅
片瀬山駅
新江ノ島水族館
自白山下駅
湘南江ノ島駅
卍龍口寺
片瀬江ノ島駅
小田急江ノ島線
江ノ島駅
満福寺卍
七里ヶ浜駅
鈴傳S S
和菓子司 扇屋
腰越駅
鎌倉高校前駅
×鎌倉高
七里ヶ浜
江の島
相模湾

海一望の絶景駅

4

鎌倉高校前駅のホームの真正面には、相模湾が広がる。江の島の浮かぶ絶景を一望する駅は「関東の駅百選」に選ばれた。

トンネルはひとつだけ

5

極楽寺駅〜長谷駅間にある唯一のトンネル「極楽洞」。ツルハシを使って人力で掘られ、明治40年（1907）に貫通したレンガ造りの、歴史のあるトンネルだ。

↻ 桜橋の上でスタンバイ。トンネルから出てきた瞬間を狙おう

↻ 潮風が心地よいホームで美しい景観を楽しみたい

3駅の駅構内に踏切が！

6

江ノ島駅、稲村ヶ崎駅、長谷駅には駅構内に踏切がある。改札とホーム、ホームとホームを結ぶ小さな踏切で、歩行者用信号も付いている。

↻ 住宅などが密集する地域ならではの風景

江ノ電バスでお得に旅する

全線乗り降り自由のきっぷには、沿線エリアで利用できる特典も充実。

江ノ電1日乗車券 のりおりくん

江ノ電全線が1日乗り降り自由。飲食店や観光施設で料金の割引などの特典がある。価格は大人800円、子ども400円で、全駅の券売機で購入できる。

老舗のおみやげ屋さん

創業200年近くの老舗みやげ店へ。旅の思い出として銘品をおみやげに。

鈴傳
すずでん

↻ 龍口寺の門前に店を構える

片瀬 **MAP** 付録P.17 D-2

**江ノ電が軒先をかすめる老舗
旨みを凝縮した干物**

創業200年余の干物専門店。主に相模湾で獲れた魚を、長い歳月とともに培われた独自製法で加工する干物は絶妙な塩加減で、地元での評判も高い。隣接のひもの定食屋もチェック。

↻ アジ324円〜（1枚）、カマス540円〜（1枚）、イワシ丸干し162円〜（1枚）など

📞0466-25-1213　🏠藤沢市片瀬海岸1-6-10　🕘9:00〜18:00　🈺水曜　🚃江ノ電・江ノ島駅から徒歩3分　🅿なし

和菓子司 扇屋
わがしつかさ おうぎや

片瀬 **MAP** 付録P.17 D-2

**お店に実物の江ノ電がある
愛され続ける銘菓**

天保年間（1830〜43）創業の和菓子店。昔ながらの製法で作られたやさしい甘さの麩饅頭や草餅、芋羊羹など四季折々の和菓子が並ぶ。

📞0466-22-3430　🏠藤沢市片瀬海岸1-6-7　🕘9:00〜17:00　🈺不定休　🚃江ノ電・江ノ島駅から徒歩3分　🅿なし

↻ ごま餡、梅餡、ゆず餡、こし餡栗肥入り、つぶ餡栗肥入りの江ノ電もなか1500円（1箱10本入り）

↻ 江ノ電の実車が目印

歴史

激動の時代に思いを馳せつつ、鎌倉を散策したい

鎌倉武士の繁栄と滅亡の悲劇

地方で武力を鍛え上げ、中央の舞台へとのし上がった源平の武士たち。やがて源氏が鎌倉に
武家政権を確立するが、北条執権政治のほころびで滅亡に向かった鎌倉幕府の物語。

歩く・観る●歴史

12世紀中頃～後半

貴族の時代から武士の時代へ

源平の争乱

朝廷を舞台にした源氏と平氏の争いに平氏が勝利
おごれる平氏の栄光の時代は長くは続かなかった

　上皇による院政が敷かれた平安時代後期。地方では土着して開発領主となった下級貴族らが、各地で戦闘集団の武士団を形成していた。なかでも強力な一団が、皇族の血を引く源氏と平氏だ。源氏は東国武士を束ねて勢力を強め、平氏は上皇に取り入り、互いに朝廷内での地位を築いていく。保元元年（1156）に起きた保元の乱では、崇徳上皇と後白河天皇の権力争いに源平の武力が動員された。3年後の平治の乱では源平が敵味方となり、後白河上皇についた平氏の棟梁・平清盛が、源氏の棟梁・源義朝に勝利する。

　武勲を挙げた平清盛は武士で初の太政大臣に就任。平氏が官職を独占し、後白河上皇も都から追放して、治承3年（1179）に平氏政権を興した。「平家にあらずんば人にあらず」とまで言わしめた平氏の繁栄も、後白河上皇の皇子・以仁王と源頼政の決起で終焉を迎える。伊豆に流された源義朝の三男・頼朝も、鎌倉を拠点に東国の武士団を引き連れ参戦。頼朝の弟・義経らの活躍で一ノ谷、屋島と勝利を挙げ、元暦2年（1185）の壇ノ浦の戦いでついに平氏は滅亡する。

⊙壇ノ浦の戦いを描いた
『安徳天皇縁起絵図』
〈赤間神宮蔵〉

⊙満福寺境内にある腰越状を
したためる義経と弁慶の像

腰越状 　義経と頼朝の確執

源平の戦いで武勲を挙げた源義経だったが、兄・頼朝は義経の鎌倉入りを許さなかった。兄に許可なく朝廷から官位を受け、朝廷派と疑われたためだ。義経は腰越にある満福寺で、頼朝の重臣・大江広元にとりなしを依頼する手紙（腰越状）を書く。しかし、思いは届かず、2人の確執はその後も続いた。

満福寺➡ P.75
まんぷくじ　　腰越 **MAP** 付録P.17 E-2

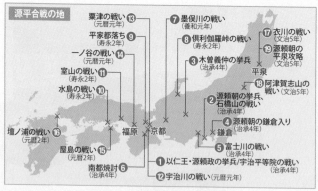

源平合戦の地

- ⑬粟津の戦い（元暦元年）
- ⑦墨俣川の戦い（養和元年）
- ⑨平家都落ち（寿永2年）
- ⑰衣川の戦い（文治5年）
- ⑧倶利伽羅峠の戦い（寿永2年）
- ⑲源頼朝の平泉攻略（文治5年）
- ①一ノ谷の戦い（元暦元年）
- ⑭木曽義仲の挙兵（治承4年）
- ⑪室山の戦い（寿永2年）
- 平泉
- ⑱阿津賀志山の戦い（文治5年）
- ⑩水島の戦い（寿永2年）
- ②源頼朝の挙兵、石橋山の戦い（治承4年）
- ①源頼朝の鎌倉入り（治承4年）
- 壇ノ浦の戦い⑯（元暦2年）
- 鎌倉
- ⑮屋島の戦い（元暦2年）
- ⑤富士川の戦い（治承4年）
- 福原
- 京都
- ①以仁王・源頼政の挙兵/宇治平等院の戦い（治承4年）
- ⑫宇治川の戦い（元暦元年）
- 南都焼討（治承4年）

頼朝の挙兵

- ⑤金砂城の戦い（治承4年11月）佐竹氏を攻略する
- 常陸　金砂城
- ④富士川の戦い（治承4年10月）水鳥の羽音に驚いた平家が逃亡
- 下野　小栗御厨
- 上野　常陸国府
- ③石橋山の戦い（治承4年8月）平家方の大庭景親に敗れ、安房へ逃れる
- 武蔵　下総
- 甲斐　下総
- ①源頼朝の鎌倉入り（治承4年10月）政権樹立に向けた動き
- 黄瀬川　相模　船田　上総
- 石橋山　鎌倉
- 駿河　山木　安房
- 加嶋　北条
- 伊豆
- ②頼朝の挙兵（治承4年8月）桓武平氏を急襲
- 富士川の戦い前
- 富士川の戦い後

86

↑三方を山に囲まれた鎌倉へ陸路で向かうには、「切通（きりとお）し」と呼ばれる険しい道を通らなくてはならなかった。写真は、現在の釈迦堂切通し（通行禁止）

円覚寺

山内路（鎌倉街道）

浄智寺

建長寺

大倉幕府
（治承4年～嘉禄元年）
源頼朝の墓

永福寺

亀ヶ谷坂切通し

巨福呂坂切通し

鶴岡八幡宮

二階堂

化粧坂切通し

政所

杉本寺

佐助稲荷神社

寿福寺

宇都宮辻子幕府
（嘉禄元年～嘉禎2年）

北条氏邸
（現在の宝戒寺）

浄妙寺

六浦路（金沢海道）

若宮幕府
（北条泰時邸跡/嘉禎2～元弘3年）

朝比奈切通し

大仏切通し

高徳院

今大路

若宮大路

小町大路

名越の切通し

極楽寺

長谷寺

前浜

由比若宮
（元八幡）

極楽寺坂切通し

稲村ヶ崎

由比ヶ浜

滑川

和賀江嶋

12世紀末～13世紀頃

武家政権が封建制度を生む

鎌倉幕府の成立

戦乱中に少しずつ形成されていく源氏政権
日本で初めて「幕府」が鎌倉の地に興る

　争乱のさなか、源頼朝は源氏政権「鎌倉幕府」の基盤づくりを鎌倉で着々と進めていた。南を海に面し、三方を山が囲む鎌倉は都に最適の防衛地だった。治承4年(1180)、頼朝は大倉（現・雪ノ下）に屋敷（大倉御所）を構え、源氏の氏神を祀る鶴岡八幡宮(P.35)を中心に町を開発した。軍・警察機構の侍所、役所の公文所（のちの政所）、裁判所の問注所を設置し、文治元年(1185)には軍事行政官の守護、荘園管理者の地頭を地方に派遣して基盤を築く。建久3年(1192)には征夷大将軍に任命され、名実ともに政権執行者となる。

　源頼朝直属の武士は御家人と呼ばれた。地頭として領地を任され、戦果により領地を得る権利（御恩）が与えられ、代わりに軍役の義務（奉公）が課せられた。御恩と奉公による封建制度で、将軍と武士は結ばれていた。

↑源氏山公園の源頼朝像

由比若宮（元八幡）
ゆいわかみや（もとはちまん）

材木座 **MAP** 付録P.14 C-2

源頼義が康平6年(1063)に創建。のちに頼朝が遷したのが、現在の鶴岡八幡宮だ。

☎0467-22-0315（鶴岡八幡宮）
🏠鎌倉市材木座1-7　🕐拝観自由
🚃JR鎌倉駅から徒歩15分　🅿あり

↑若宮大路の中央には、頼朝が妻・政子のために造営させた段葛（だんかずら）と呼ばれる道がある

13世紀初頭〜前半

北条氏が執権となって実権を掌握
北条政子の時代

尼将軍・政子が若い息子を助けて政治を動かし
実家の北条家が執権となって政治の実権を握る

　源頼朝が建久10年(1199)に急死すると、妻の北条政子は出家。子の頼家が18歳で2代将軍に就いた。若い将軍は独善的な振る舞いから信頼を得られず、13人の有力御家人が合議制で政務を執り仕切った。13人のなかには、政所別当(長官職)の大江広元、侍所別当の和田義盛、政子の父・北条時政、頼家の義父・比企能員らが名を連ねた。なかでも急速に頭角を現したのが政子の実家の北条氏だ。政子もまた、息子の後見人として幕府に介入し、尼御台あるいは尼将軍と呼ばれた。北条時政は、打倒北条に動いた比企能員の一族を一気に滅ぼし(比企能員の乱)、比企に加担した将軍頼家を伊豆に幽閉する。12歳の頼家の弟・実朝を3代将軍に就け、自身は将軍補佐役の「執権」として幕府の実権を握る。以来、北条家が代々執権職を継承する。2代執権を継いだ義時は、和田義盛一族を滅ぼし(和田合戦)、幕府の重職を独占した。建保7年(1219)、源頼家の子・公暁が、父の敵と信じた実朝を鶴岡八幡宮で暗殺。のちに公暁も討たれ、源将軍家は3代、27年で途絶えてしまう。
　一方、京都では承久3年(1221)、公家の権力回復を狙った後鳥羽上皇が、北条義時追討の兵を挙げて承久の乱が勃発。政子の説得で御家人たちは幕府軍に参戦し、朝廷軍を圧倒して陥落させた。後鳥羽上皇は隠岐の島へ配流となり、武家の執権政治は西日本へと波及していった。

13世紀前半〜中頃

武家の執権政治が全国を席巻
執権政治の確立

泰時は合議制や武士の法律を定めて
北条得宗家による独占政治体制をスタートさせる

　元仁元年(1224)に2代執権・北条義時が急死し、翌年には幕府の重鎮、大江広元や北条政子らが相次いで逝去。3代執権の泰時は行政制度改革に乗り出す。執権の補佐役である連署を置き、執権や連署と政務・裁判にあたる評定衆を設置。連署に泰時の叔父・北条時房が就き、評定衆は政務に長けた有力御家人ら11人が選ばれた。この制度改革で、合議制による執権政治体制が確立する。貞永元年(1232)には、史上初の武家の法律「御成敗式目」を制定。51ヵ条にわたって武士の心構えや職務、土地所有、裁判制度を定め、各地の紛争解決の全国統一ルールが示された。
　5代執権・時頼の時代には、執権の座を狙う北条氏の一門・名越家勢力を幕府から追放。政務の実権を時頼ら北条本家の得宗家が独占。得宗家による専制体制が確立した。

神奈川県立金沢文庫
かながわけんりつかなざわぶんこ

金沢文庫 **MAP** 本書P.3 F-1

鎌倉中期に北条実時が建てた武家文庫が起源。国宝・重要文化財を多数展示している。随時特別展も開催。

☎045-701-9069　🏠横浜市金沢区金沢町142
🕘9:00〜16:30(入館は〜16:00)　🗓月曜
💴250円、特別展料金あり　🚉京急・金沢文庫駅から徒歩12分
🅿あり(身障者優先)

左枠 縦書き：**歩く・観る●歴史**

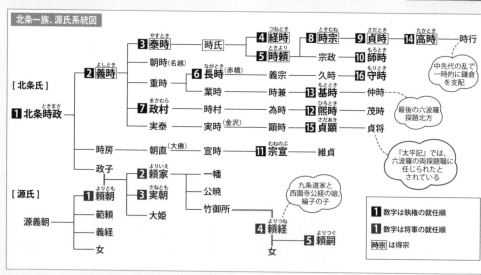

北条一族、源氏系統図

【北条氏】
1 北条時政(ときまさ) ─
　├ 2 義時(よしとき) ─
　│　├ 3 泰時(やすとき) ── 時氏 ─┬ 4 経時(つねとき)
　│　│　　　　　　　　　　　　　└ 5 時頼(ときより) ─┬ 8 時宗(ときむね) ─┬ 9 貞時(さだとき) ── 14 高時(たかとき) ── 時行
　│　│　　　　　　　　　　　　　　　　　　　　　　└ 宗政 ─ 10 師時(もろとき)
　│　├ 朝時(名越)(あさとき)
　│　├ 重時(しげとき) ─ 6 長時(赤橋)(ながとき) ─ 義宗 ─ 久時 ─ 16 守時(もりとき)
　│　│　　　　　　　　　　　　　　　　　　　　業時 ─ 時兼 ─ 13 基時(もととき) ─ 仲時
　│　├ 7 政村(まさむら) ─ 時村 ─ 為時 ─ 12 熙時(ひろとき) ─ 茂時
　│　└ 実泰(さねやす) ─ 実時(金沢) ─ 顕時(あきとき) ─ 15 貞顕(さだあき) ─ 貞将
　├ 時房(ときふさ) ─ 朝直(大佛) ─ 宣時 ─ 11 宗宣(むねのぶ) ─ 維貞
　└ 政子(まさこ)

【源氏】
源義朝 ─┬ 1 頼朝(よりとも)
　　　　├ 範頼
　　　　├ 義経
　　　　└ 女

1 頼朝 ─┬ 2 頼家(よりいえ) ─┬ 一幡
　　　　│　　　　　　　　　├ 公暁
　　　　│　　　　　　　　　└ 竹御所
　　　　├ 3 実朝(さねとも)
　　　　└ 大姫

(吹き出し)中先代の乱で一時的に鎌倉を支配
(吹き出し)最後の六波羅探題北方
(吹き出し)『太平記』では、六波羅の両探題職に任じられたとされている
(吹き出し)九条道家と西園寺公経の娘、綸子の子

4 頼経(よりつね) ── 5 頼嗣(よりつぐ)
　　　　└ 女

凡例：
1 数字は執権の就任順
1 数字は将軍の就任順
時宗 は得宗

13世紀中頃〜後半	日本が巨大な外敵に立ち向かう

蒙古襲来

モンゴル帝国の大軍団が九州・博多を襲撃
「神風」が味方して、敵の軍船を追い払う

8代執権・北条時宗の時代の文永5年(1268)正月。モンゴル帝国皇帝・フビライ・ハンの使者が、国書を携え鎌倉幕府を訪問した。ユーラシア大陸を広く支配するフビライ皇帝は、中国南部の南宋を攻略する手始めに、周辺国の日本を配下につけようとしていた。「友好か派兵か」、と迫る国書を時宗は無視し、御家人らに命じて九州の防備を固めた。

それから6年後の文永11年(1274)10月、国号をモンゴルから元と改めたフビライの軍船900隻が隠岐に集結し、博多に上陸した(文永の役)。九州の御家人たちは苦戦を強いられたものの、夜に起きた暴風雨で元軍は撤退。弘安4年(1281)には、軍艦4400隻、14万人の大軍団で再び襲来したが、またも暴風雨によって元軍は撤退した(弘安の役)。

↑『蒙古襲来絵詞』〈皇居三の丸尚蔵館蔵収蔵〉。元の大軍に対し、日本は小船で立ち向かった

13世紀後半〜14世紀前半	北条専制政治が招いた幕府崩壊

鎌倉幕府の終焉

御家人制度の破綻が幕府最大の危機を呼ぶ
地方武士が天皇軍に加勢して幕府は滅亡へ

日本は元軍を追い返したものの戦果は挙げられず、あとには膨大な戦費の負担だけが残った。兵力や金銭を注いだ御家人たちは、見合う恩賞を得られずに生活は困窮。さらに圧政を敷く北条家に、御家人たちの不満は募っていった。

京都では、天皇中心の政治の復活を目指し、後醍醐天皇が鎌倉幕府打倒に動く。元弘元年(1331)、河内の武士・楠木正成や後醍醐天皇の皇子・護良親王が天皇の呼びかけに応じ挙兵。幕府軍有利が続くなか、源氏直系の有力御家人・足利尊氏が天皇側につくと、諸国の武士が一気に天皇側について形勢逆転。源氏一門の新田義貞が鎌倉を落として北条一族は自害。元弘3年(1333)に鎌倉幕府は滅亡する。

新田義貞の侵攻図

建長寺 / 亀ヶ谷坂 / 巨福呂坂 / 鶴岡八幡宮 / 化粧坂 / 鎌倉外郭線 / 幕府 / 元弘3年5月22日 北条高時、自刃 / 大仏 / 高徳院 / 東勝寺 / 元弘3年5月21日 新田義貞、鎌倉侵入 / 極楽寺 / 極楽寺坂 / 稲村ヶ崎 / 滑川 / ●切通し

鎌倉時代の仏教 ▶ 多くの宗派が誕生した

天台宗や真言宗などの鎌倉以前の仏教は、皇族や貴族のみが信仰の対象者だった。

武家が台頭した鎌倉時代には、武士や民衆にも受け入れやすい新たな宗派が次々と生まれた。法然の浄土宗や親鸞の浄土真宗、一遍の時宗は、「念仏を唱えれば極楽浄土へ行ける」とする他力本願で民衆に支持され、日蓮(P.73)の日蓮宗は現世に救われると説いた。栄西の臨済宗、道元の曹洞宗は、「坐禅によって悟りを開く」と説き、心身の鍛錬を是とする武士の信仰を集める。臨済宗は北条氏の帰依を受け、建長寺(P.48)や円覚寺(P.45)などの大寺院が建立された。

←迫害を受けながらも熱心に布教活動を行った日蓮を偲ぶ「日蓮上人辻説法跡」

東勝寺跡
とうしょうじあと
若宮大路周辺 MAP 付録P.9 E-3
新田義貞が鎌倉を攻めた際、北条高時は一族と東勝寺の地に立てこもり、建物に火を放って壮絶な最期を遂げた。

鎌倉宮 ▶P.68
かまくらぐう
二階堂 MAP 付録P.10 C-2
明治2年(1869)、護良親王を祀るため、明治天皇の勅命により創設された神社。紅白の大きな鳥居が象徴。

鎌倉歴史年表

西暦	元号	天皇	上皇	将軍	執権	事項
1156	保元元	後白河	鳥羽			7月 **保元の乱**
1159	平治元	二条	後白河			12月 **平治の乱**。義朝ら平清盛に敗北
1160	永暦元					3月 頼朝助命され伊豆に流される
1167	仁安2	六条				2月 平清盛、太政大臣となる
1180	治承4	安徳	高倉			4月 以仁王の平氏追討の令旨発せられる
						8月 源頼朝、伊豆で挙兵、石橋山に敗れ、安房に敗走
						9月 源義仲、挙兵。10月頼朝、富士川の戦い。11月 頼朝、侍所を設置
1181	養和元		後白河			2月 平清盛没
1183	寿永2					10月 寿永の宣旨、頼朝の東国支配権確立
1184	元暦元					10月 頼朝、公文所、問注所を設置
1185	元暦2	後鳥羽				3月 平氏、壇ノ浦で滅亡
						5月 源義経、腰越状を書くが鎌倉入りを拒否される
	文治元					11月 頼朝、諸国に守護・地頭をおく
1189	文治5					4月 義経、藤原泰衡に襲われ自害
						9月 奥州藤原氏滅亡
1192	建久3			源頼朝		7月 頼朝、征夷大将軍となる
1199	正治元	土御門	後鳥羽	源頼家		4月 北条政子、頼家の親裁を停止、北条時政ら13人の御家人合議制とする
1200	正治2					北条政子、頼家の死を弔うため、**寿福寺**⇒P.58開基
1203	建仁3			源実朝	北条時政	9月 **比企能員の乱**、比企一族滅亡
1205	元久2				北条義時	7月 時政失脚、義時、執権となる
1213	建保元	順徳				5月 **和田合戦(和田義盛の乱)**、和田一族滅亡
1219	承久元					1月 実朝、鶴岡八幡宮で頼家の子、公暁に殺される
1221	承久3					5月 **承久の乱**。後鳥羽上皇、敗れる
		仲恭				6月 六波羅探題を設置
1224	元仁元				北条泰時	6月 泰時、執権となる
1225	嘉禄元					12月 評定衆を設置
1226	嘉禄2			藤原頼経		1月 藤原頼経、征夷大将軍となる
1232	貞永元					8月 御成敗式目を制定
1242	仁治3	後嵯峨			北条経時	6月 泰時没、経時執権となる
1246	寛元4	後深草	後嵯峨	藤原頼嗣	北条時頼	4月 宮騒動
1247	宝治元					6月 宝治合戦、三浦一族滅亡
1249	建長元					12月 引付衆を設置
1252	建長4			宗尊親王		4月 宗尊親王、征夷大将軍となる
1253	建長5					11月 第5代執権・北条時頼が**建長寺**⇒P.48開基。開山は蘭渓道隆
1268	文永5			惟康親王	北条時宗	1月 高麗の使者、フビライの国書を呈す。2月 時宗、使者を返し、防備を命ずる
1274	文永11	後宇多	亀山			10月 **文永の役**
1281	弘安4					5月 **弘安の役**
1282	弘安5					12月 蒙古襲来による犠牲者を弔うため、北条時宗が**円覚寺**⇒P.45開基
1285	弘安8				北条貞時	11月 霜月騒動、安達一族滅亡
1293	正応6	伏見	後深草	久明親王		4月 鎌倉大地震、多くの神社仏閣などが倒壊
1321	元亨元	後醍醐	後宇田		北条高時	12月 院政廃止、後醍醐天皇の親政開始
1331	元徳3	後醍醐 光厳	後伏見	守邦親王	北条守時	9月 楠木正成挙兵
1332	元弘2					3月 後醍醐天皇、隠岐に配流
	正慶元					11月 護良親王挙兵
1333	元弘3					2月 後醍醐天皇、隠岐を脱出
	正慶2					5月 足利尊氏、六波羅探題を破る。新田義貞、鎌倉を攻略、北条高時自殺
1334	建武元	後醍醐				11月 護良親王、鎌倉に配流

美と出会う

❖

喧騒から離れ自然に包まれた
のんびりした風土は、昔から
多くの作家やアーティストたちを
ひきつけてきた。
モダンアートも、鎌倉時代の仏像も
共存する豊かな「鎌倉の文化」を知り、
体験してみたい。

鎌倉だから
体験したい
学びたい

古都の静寂に包まれて自分と向き合う旅

寺院で体験する 坐禅と写経

由緒ある寺院が多い鎌倉では、坐禅や写経などが気軽に体験できる。
日常では体験できない境内の静かな空間で、自分をリセットしよう。

↑警策の際は、向き合って合掌し、頭を下げる

坐禅

雑念を捨て去り
無我の境地へ。
静かな時間を過ごし
すがすがしい気分に。

姿勢と呼吸を整え 自己を見つめ直す

坐禅は、安定した姿勢を保ちながら心身を統一する禅修行。両足を反対側の腿に乗せて組む結跏趺坐が基本だが、片足だけを組む半跏趺坐でもよい。長くゆっくり息を吐き出す腹式呼吸も重要。終わったあとは気分がリフレッシュして、晴れやかな心境になる。

気軽に参加できる 円覚寺の土曜坐禅会

円覚寺の土曜坐禅会は、初心者向けと経験者向けとで時間が異なるので注意。初心者向けの会では、15〜20分の坐禅を2回、休憩を挟んで行う。開始10分前までに到着して、靴下を脱いで静かに待つ。最初に20分ほど説明を受けたら、足を組んで姿勢を整えよう。ゆっくり腹式呼吸をしながら、へその下に意識を集中させるのがポイント。希望者は、棒で肩を叩く警策をしてもらえる。

↑両腕を組んで前屈みになり、警策を受ける

参加 information

予約／申込

開催日、予約の有無は、開催される坐禅会ごとに異なるので、各寺社のHPなどで確認しておく。

持ち物／服装

足を組むので動きやすい服装を。タイトなジーンズや丈の短いスカートは適さない。華美な服装は控え、ピアスなどの装飾品は警策の妨げになるので外しておく。

↑円覚寺の境内にある居士林は、在家修行者のための修行道場。趣あるたたずまいが印象的だ

坐禅が体験できる寺院

円覚寺 ▶P.45 MAP 付録P.5 D-1
☎0467-22-0478
●日曜説教坐禅会＜大方丈＞
開毎月第2・4日曜9:00〜10:00(法話)、10:00〜11:00(坐禅) 料無料
※予約不要(時間までに着座)、初心者向け、団体不可

●暁天坐禅会＜仏殿＞
開通年6:00〜7:00(1月1〜7日、10月1〜5日、行事がある日は休) 料無料 ※予約不要(時間までに着座)、初心者向け、団体不可

●土曜坐禅会
開土曜14:30〜16:00(10分前までに到着) 料1000円(要拝観料500円)
※予約不要、詳細はHPで要確認

建長寺 ▶P.48 MAP 付録P.5 E-3
☎0467-22-0981 開金・土曜15:30〜16:30 料参加費無料(要拝観料500円)

報国寺 ▶P.66 MAP 付録P.11 D-4
☎0467-22-0762 開日曜7:30〜9:15
※予約不要(時間までに本堂前に集合)、初心者への指導もあり

宝戒寺 ▶P.38 MAP 付録P.9 E-2
☎0467-22-5512 ※人数が集まれば実施可、要相談

↑暁天坐禅会が行われる仏殿(円覚寺)

美と出会う●文化体験

体験談

深閑とした居士林は、凛とした空気が流れる空間。ひんやりとした床に腰を下ろして坐禅の足組みをすると、スッと背筋が伸びて気持ちが引き締まる。そのまま目をつぶれば、自然に心が落ち着いてくる。和尚さんの警策で、ほどよい緊張感も保たれて、最後はすっきりとした気分に。

背筋を伸ばし、肩は力を抜いて楽に。手は右手の上に左手を置き、互いの親指をつけて輪をつくる（撮影：円覚寺居士林）

写経

一文字ずつ
思いを込めて
書き写すことで、
心穏やかになれる。

筆をとり、御仏と向き合う時間

静寂のなかで姿勢を正し、経文を書写する写経。もとは印刷技術がなかった時代、仏教を広めるための手段だったが、のちに写経そのものが功徳とされるようになった。有名な「般若心経」は、経題などを含めると全278文字。約1時間〜1時間半で書き写すことができる。大切なのは、一字一字を仏様と思い、ていねいに筆を運ぶこと。忙しい日常から解き放たれ、気持ちがリセットされる。

長谷寺で写経を体験

長谷寺の写経は「般若心経」と「延命十句観音経」の2種類から選べる。薄く印刷された文字を上からなぞるだけなので、初心者でも安心だ。会場入口で用紙を購入後、道具を揃えて好きな席へ。墨をすり始めると、自然に心が落ち着いてくる。慣れない人は、筆ペンを使ってもOK。最後に願意を記して、会場内御宝前または観音堂に奉納すれば、経蔵に末永く納めていただける。

🔼 長谷寺の書院は、平成25年（2013）に建てられたもの

参加 information

予約／申込
写経ができる日時、予約の有無などは寺社ごとで異なるので、各寺院のHPなどで確認しておこう。

持ち物／服装
基本的に、写経に使う道具はその場で借りることができる。

注意事項
周囲の迷惑になるので、会話や写真撮影はNGの寺院も多い。携帯電話の電源を切っておこう。

🔼 余計なことを考えず、ひたすら神経を集中

写経が体験できる寺院

長谷寺 ➡**P.63** **MAP** 付録P.12B-3
☎0467-22-6300 🕘9:00〜14:00(受付は〜13:00) 💴写経用紙1200円(道具あり)※予約不要

光明寺 ➡**P.70** **MAP** 付録P.15D-4
☎0467-22-0603 🕘第2水曜10:30〜12:00
💴1500円(道具あり)※予約不要(第2水曜以外でも2名からの予約で体験可)

妙本寺 ➡**P.71** **MAP** 付録P.9D-4
☎0467-22-0777 🕘10:00〜15:00(事前に電話確認)
💴納経2000円(道具あり)※要予約

体験談
枯山水の庭から書院に入り、墨をすって用紙に向かうまでの一連の流れにも、心を整える時間が感じられて写経に身が入りやすい。写経に集中できる空間を追求した結果、僧や職員自ら写経机を設計、手作りしたと聞き、その真摯で誠実な姿勢にも感動。

寺院で体験する坐禅と写経

体験を通して鎌倉の魅力を知る

坐禅、写経のほかにも、「お寺で体験」できること

寺院には、仏像や庭を「見る」だけでなく、「体験する」楽しみもある。たとえば、長谷寺では仏様の姿を描き写す写仏、光明寺では精進料理を味わうプランなどが用意されている。実際に体験することで、鎌倉の奥深さが見えてくるはずだ。

♥光明寺で提供される
精進料理の一例

精進料理 ➡**P.128**

職人の技術とやさしさに接する
手作り工芸体験

愛情を注いで、丹精して作る手仕事の世界。
自分で作ったとっておきの作品を日々の暮らしに取り入れてみませんか。

鎌倉時代に仏具として
作られたのが始まり。
独特の陰影と質感が
味わい深い。

初心者向けの
短期体験講座が人気

数種類の図柄から好きなもの
を選び、直径18〜24cmのお盆
に彫り込むことができる。簡
単なデザインなら、2〜3時間
程度で完成。作品はそのまま
持ち帰れるほか、別料金で漆
塗り加工を依頼することも可
能だ。

美と出会う●文化体験

こちらの
工房で
体験です

鎌倉彫教室 鎌陽洞
かまくらぼりきょうしつ けんようどう

御成町 **MAP** 付録P.7 F-4

短期体験講座をほぼ毎日開催。
1〜3日ほどで作品を仕上げるこ
とが可能。前日までに予約。

☎0467-22-5550 所鎌倉市御成町11-
29鎌陽洞ビル 時10:30〜17:00 日曜
10:00〜14:00 休不定休 料1500〜
2000円 交JR鎌倉駅から徒歩2分 P
なし

作ってみよう 体験：短期体験コース

1 図案を写す
盆の上にカーボン紙を重ね、好
みの図案をなぞって写し取る。

2 板に溝をつける
下絵の輪郭に沿って、小刀で立
ち込み(切り込み)を入れる。

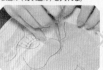

3 溝に沿って彫る
立ち込みの外側を平刀で際取り
し、輪郭を浮き立たせる。

4 三角刀で細部を彫る
花や葉の内部などの細かい部分
は、三角刀を使って仕上げる。

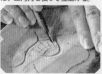

5 平刀で模様をつける
図柄のない地の部分に、平刀で
刀痕(刀の削り跡)をつける。

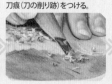

6 完成
表面をすべて彫り終えたら、裏に
名前を刻んでできあがり。

※短期コースはここで終了

鎌倉彫を詳しく知るならココ

鎌倉彫資料館
かまくらぼりしりょうかん

若宮大路周辺 **MAP** 本書P.41

室町時代から現代までの名品を
展示。彫刻体験も開催している
(詳細はHP・SNSに記載)。

☎0467-25-1502 所鎌倉市小町2-15-
13鎌倉彫会館3F 時10:00〜13:00
14:00〜16:00 休月・火曜 料300円
交JR鎌倉駅から徒歩5分 P なし

陶芸

土のぬくもりに触れ、手仕事の楽しさを感じ、オリジナルの素敵な器を作る。

葉の模様を写した器作り

約1時間で、気軽に普段使いの器が作れる。型を使って形成し、植物をそのままデザインに利用するため、初めてでも簡単。作品は乾燥と焼成を経て、約1カ月半〜2カ月後に発送される（送料別）。

⟳先生が目の前でわかりやすく説明

作ってみよう **体験：器作り体験コース**

1 土を器型に形成する

土をよくこねたら、丸めて型の中心に置く。さらに道具で叩き伸ばし、器の形に整えていく。

2 外で植物を採取する

庭で気に入った葉を採取。いろいろな種類を集めておくと、デザインの幅が広がる。

⟳庭にはさまざまな植物が生育している

3 葉の模様を転写させる

全体のデザインを考えながら葉を配置し、器の表面に押し付けて、その模様を写す。

4 白い粘土を器に塗る

葉を張り付けたまま、白い粘土を塗る。厚く塗った部分は、濃い白色の仕上がりに。

5 器から葉を剥がす

ピンセットで葉を取り除くと、美しい模様がくっきり。自然の造形美に驚かされる。

⟳参加者が作った個性あふれる数々の器。乾かしたあとで窯に入れる

たからの窯
たからのかま

北鎌倉 **MAP** 付録P.4C-3

オリジナルのお皿が作れる約1時間の陶芸体験。予約は前日までに。

☎090-8142-6119 ⑰鎌倉市山ノ内1418たからの庭内 ⑬10:00〜16:00 ⑭火曜 ⑭3400円（送料別） ⑳JR北鎌倉駅から徒歩15分 Ⓟなし

こちらの工房で体験です

⟳緑に囲まれた隠れ家のような工房

手作り工芸体験

美術館・博物館

貴重な品々に目をひととき奪われる

鎌倉の歴史が宿る
傑作たちを訪ねる

建物自体も国の登録有形文化財の鎌倉国宝館をはじめ、各寺院に安置された仏像、
ゆかりの作家が描いた作品など、鎌倉の各地で出会える傑作の数々を紹介する。

鎌倉国宝館

かまくらこくほうかん
若宮大路周辺 **MAP** 付録P.9 D-1

鎌倉～室町期を中心とした
地方色豊かな仏教美術の宝庫

鎌倉国宝館は鎌倉の貴重な文化財を保護
する目的で、昭和3年(1928)に設立され
た。鶴岡八幡宮の境内にあり、鎌倉の寺
社に伝わる彫刻、絵画、工芸、古文書など
約6000点を収蔵する。主に鎌倉～室町時
代に制作されたものや中国の宋・元から
伝来したものが多く、京都や奈良の仏教
美術と比べると、地方的、異国的な特色
が強い。禅宗文化の影響も垣間見られ、
中世日本の歴史や宗教、芸術の変遷にふ
れることができる。

☎0467-22-0753　㊟鎌倉市雪ノ下2-1-1
🕘9:00～16:30(入館は～16:00)　㊡月曜(祝日の場
合は翌平日)、展示替え期間、ほか臨時休館日あり
㊅400～700円(展覧会により異なる)　㊋JR鎌倉駅
から徒歩12分　Ｐなし

↑奈良の正倉院を模した高床式校倉風建築

美と出会う●美術館・博物館

人頭杖

にんずじょう
閻魔大王が亡者を裁く際に
使う杖。先端に並ぶ2つの人
頭が、罪の軽重を感知する
という。別名、檀拏幢(だん
だどう)。〈重文・円応寺蔵〉

薬師三尊像

やくしさんぞんぞう
もとは十二神将立像とともに辻薬師堂に置かれ
ていた。一木造の薬師如来立像は、鎌倉では珍
しい平安仏のひとつ。〈県文・鎌倉国宝館蔵〉

籬菊螺鈿蒔絵硯箱
まがきにくらでんまきえすずりばこ
後白河法皇から源頼朝へ下賜された
ものと伝わる。鎌倉時代前期の螺鈿、
蒔絵の代表的作品で、繊細な細工が
美しい。※鎌倉国宝館で開催の特別展
「国宝 鶴岡八幡宮古神宝」で展示。
〈国宝・鶴岡八幡宮蔵〉

獅子牡丹文硯台
ししぼたんもんけんだい
室町時代に作られた鎌倉彫の代
表作。硯を入れるための約30cm
四方の箱で、勢いのある獅子の
写実的な表現が印象深い。〈県
文・鎌倉国宝館蔵〉

十二神将立像 戌神
じゅうにしんしょうりゅうぞう じゅつしん
十二神将とは薬師如来を守る12名の武神。それぞれ
に十二支が割り当てられており、鎌倉国宝館の戌神
は頭部の巻き毛が特徴的。〈県文・鎌倉国宝館蔵〉

倶生神坐像
ぐしょうじんざぞう
倶生神とは、人が生ま
れてから死ぬまで、常に
その両肩に乗って一生
の善悪を記録する2神。
鎌倉時代の作。
〈重文・円応寺蔵〉

薬師三尊像と十二神将立像。間近で見ると迫力に圧倒される

閻魔大王坐像
えんまだいおうざぞう

鎌倉時代の仏師・運慶作と伝わり、国の
重要文化財。笑い顔に見えることから
「笑い閻魔」とも。堂内には冥界の裁判官
(十王)が祀られている。
円応寺 ➡**P.53**
北鎌倉 **MAP** 付録P.5E-4

観世音菩薩立像
かんぜおんぼさつりゅうぞう

南北朝時代に作られ、
もとは三門の上に五
百羅漢と一緒に祀ら
れていた。頭に宝冠を
載せ、左手に蕾の蓮華
を持つ。
浄智寺 ➡**P.52**
北鎌倉

MAP 付録P.4C-3

武士の世から続くさまざまな祈りの姿

美しく、勇ましく。仏像の世界

武士の都で独自の発展を遂げた仏教美術。
鎌倉の寺社で、写実的で表情豊かな仏像の美しさが人々を魅了する。

宝冠釈迦如来坐像
ほうかんしゃかにょらいざぞう

華厳の盧遮那仏とも称され、
金色の宝冠を被った威厳あ
る姿が目を奪う。頭部は鎌
倉時代、胴部は江戸時代の
作。左右に梵天、帝釈天を
安置する。
円覚寺 ➡**P.45**
北鎌倉 **MAP** 付録P.5D-1

馬頭観音菩薩坐像
ばとうかんのんぼさつざぞう

室町時代の作で、江戸時代に寄進された客仏。六観音のなかで唯一忿怒相をとる馬頭観音は、鎌倉では珍しい。

薬王寺 ➡P.59
扇ガ谷 **MAP** 付録P.7 F-1

十一面観音菩薩
じゅういちめんかんのんぼさつ

長谷観音の名で親しまれ、錫杖を右手に携え、岩座に立つ独特の像容が特徴。高さ9.18m、日本最大級の木造仏。

長谷寺 ➡P.63
長谷 **MAP** 付録P.12 B-3

薬師三尊
やくしさんぞん

本尊の薬師如来像には仏面が納められ、この胎内仏を拝めるのは61年ごと。両脇には日光・月光菩薩像が祀られている。

海蔵寺 ➡P.59
扇ガ谷 **MAP** 付録P.7 E-1

如意輪観音半跏像
にょいりんかんのんはんかぞう

鎌倉地方特有の仏像装飾の技法「土紋」が鮮やか。鎌倉で最も美しい仏像といわれる。

来迎寺 らいこうじ
西御門 **MAP** 付録P.10 A-1

永仁元年(1293)、一向上人が開山。本尊の阿弥陀如来像と地蔵菩薩像、如意輪観音像を祀る。

☎0467-24-3476 ㊣鎌倉市西御門1-11-1 ㊟HPで日時を確認のうえ、要電話予約 ㊡不定休 ㊣500円 ㊙大学前バス停から徒歩10分

阿弥陀如来　釈迦如来　弥勒如来
あみだにょらい　しゃかにょらい　みろくにょらい

それぞれ過去、現在、未来を意味する本尊の三世仏坐像。台座に長く垂れた衣に、中国宋時代の影響が見られる。

浄智寺 ➡P.52 北鎌倉 **MAP** 付録P.4 C-3

めいめいの輝きに満ちた
小さな美術館へ

古刹めぐりの合間に、個性的な美術館を訪れてみよう。
静かな空間で、時間を忘れてじっくりと美術の世界に入り込みたい。

↑くつろいだ空気に満ちた館内で、ゆっくりと作品を楽しみたい

北鎌倉 葉祥明美術館

きたかまくらようしょうめいびじゅつかん

北鎌倉 **MAP** 付録 P.5 D-2

**絵本の世界のような
安らかな時が流れる美術館**

画家であり、詩人であり、絵本作家でもある葉祥明氏が平成3年(1991)に開設。2階建ての洋館の中には、サロンのような展示室があり、水彩画や油彩画、デッサンなどの原画が飾られている。淡くやさしい色調の絵画に心癒やされる空間だ。

☎0467-24-4860 所鎌倉市山ノ内318-4 開10:00～17:00 休無休 料600円 交JR北鎌倉駅から徒歩7分 Pあり

↑春の風(水彩) ©葉祥明
やわらかな春の風を感じる作品。見ているだけで心が和む

↑おしゃれな洋館。インテリアも明るく温かみのあるものが揃う

↑ハロー！ジェイク(水彩)
©葉祥明
想像力がかき立てられるやさしい絵。子どもから大人まで楽しめる

北鎌倉古民家ミュージアム

きたかまくらこみんかミュージアム

北鎌倉 **MAP** 付録 P.4 C-2

**築100年以上の古民家に
個性豊かなアートが集う**

福井県から移築した古民家を展示スペースとして活用。雛人形展やあじさい展など季節の展示のほか、ジャンルもさまざまな企画展を随時開催している。歴史ある建物や趣向を凝らした展示は、何度足を運んでも新たな発見がある。

☎0467-25-5641 所鎌倉市山ノ内392-1 開10:00～17:00(企画により変動あり) 休無休(企画替えによる休館あり) 料500円 交JR北鎌倉駅から徒歩3分 Pなし

↑風情ある北鎌倉の街にたたずむ
↓6月は庭のアジサイが見事

↑広く開放的な空間で貴重な調度品や企画展示物をゆったり見学

美と出会う●美術館・博物館

鎌倉市鏑木清方記念美術館

かまくらしかぶらぎきよかたきねんびつかん

小町通り周辺 **MAP** 付録P.8 C-2

情緒ある近代日本画を
和風建築で楽しむ

近代日本画の巨匠・鏑木清方の旧居跡に建てられた和風建築の美術館。美人画や庶民の生活を描いた作品が展示されている。建物の一角には、清方の画室を再現。四季折々に花が咲く庭も見どころ。

←晩年まで過ごした画室を再現

☎0467-23-6405 所鎌倉市雪ノ下1-5-25 時9:00～17:00(入館は～16:30)休月曜(祝日の場合は翌平日)料企画展300円、特別展450円 交JR鎌倉駅から徒歩7分 Pなし

←庭にはアジサイをはじめ、清方が好んだ草花が植えられている

↑樋口一葉や泉鏡花などの文学を題材に描いた作品も展示

鎌倉・吉兆庵美術館

かまくら・きっちょうあんびじゅつかん

小町通り周辺 **MAP** 本書P.41

和菓子の器として集めた
魯山人の作品を展示

和菓子の店「宗家 源 吉兆庵」が手がける美術館。日本の文化や芸術を広めたいと、美食家、陶芸家として非凡な才能を発揮した北大路魯山人の作品を展示(入れ替えあり)。また、年4回企画展を開催している。

↑北大路魯山人の作品約30点を展示

☎0467-23-2788 所鎌倉市小町2-9-1 時10:00～17:00(入館は～16:30)休第1・3月曜(祝日の場合は開館)、展示替え期間 料600円、65歳以上480円 交JR鎌倉駅から徒歩3分 Pなし

↑茶室では空間と器が見事に調和

←北大路魯山人による織部マナ板皿(上)。雲錦大鉢(下)

鎌倉能舞台を訪れる

鎌倉で知る日本の伝統芸能

能楽を中心に日本古来の伝統芸能の魅力を伝える

昭和45年(1970)に能楽の振興と普及を目的として創設。以来、定期公演「能を知る会」や体験活動の一環として学生向け公演などが行われている。客席の後ろには、モニターで能舞台の映像を見たり、舞台の上で能面体験ができるなど、能楽を身近に知ってもらうためのカフェを設けている。

↑和椅子に座って鑑賞。舞台が近くに感じられる

↑能面や装束・舞台を見ながら、能面ラテやコーヒー、抹茶が飲めるスペースを、客席の後ろに設置

鎌倉能舞台 長谷 **MAP** 付録P.12 B-2

かまくらのうぶたい

☎0467-22-5557 所鎌倉市長谷3-5-13 休料開催日などはHPで確認 www.nohbutai.com 交江ノ電・長谷駅から徒歩10分 P要問合せ

↑『吉野天人』など初心者にもわかりやすい公演や、有名な公演が多数。現代語、英文による字幕もあるので、初心者でも気軽にふれられる

能舞台茶寮神楽

のうぶたいさりょうかぐら

☎0467-22-5557 時11:00～15:00 休月～水曜、金曜、ほか臨時休業あり

建築

◆

ARCHITECTURE

近代鎌倉の、優雅な暮らしの軌跡

レトロ建築の面影に見る

華やかな暮らし

かつて多くの華族や文化人が暮らした鎌倉。明治から昭和初期に建てられた洋風建築物が多く残る。

↑当時の面影を残す内部。国の登録有形文化財に登録

旧華頂宮邸 [築造 昭和4年]

きゅうかちょうのみやてい

金沢街道 MAP 付録P.11 D-4

静かな谷戸に位置する華族ゆかりの瀟洒な建物

華頂博信侯爵邸として建てられた洋館。古典的なハーフティンバー様式の外観と、建物南の幾何学的なフランス式庭園が特徴。通常庭園が一般公開されており、施設内は春と秋にのみ特別公開。

↓四季の花が咲く庭園と、柱や梁を現しにした特徴的な建築スタイルが端正な趣を見せる

美と出会う●建築

石窯ガーデンテラス

いしがまガーデンテラス

金沢街道 MAP 付録P.11 D-3

浄妙寺の境内に建つ洋館

貴族院議員であった犬塚勝太郎氏の自宅。美しいステンドグラスが残されている。 ⇒ P.67

[築造 大正11年]

↑レストランでは石窯で焼いたパンや地元野菜を用いた料理がいただける

↑古い洋館を改装した、丘の上に建つ一軒家レストラン

旧長谷子ども会館
きゅうはせこどもかいかん

長谷 **MAP** 付録P.12 C-2

華麗な外観の造形意匠

明治期の洋館の特徴である、華やかで手の込んだ造形意匠が見られる。ギリシャ建築の様式を取り入れたバルコニーやドアまわりの装飾が素晴らしい。見学は外観のみ。

築造 **明治41年**

→明治期に、株の仲買人であった福島浪蔵の別邸として建てられた

→鎌倉駅の西口側に建つ。芥川龍之介と岡本かの子が出会った場所としても有名

ホテルニューカマクラ

御成町 **MAP** 付録P.7 F-4

大正浪漫漂うホテル

築造 **大正13年**

戦前に山縣ホテルという名で創業。モルタル塗りのドイツ壁や上げ下げ窓がレトロな情緒を感じさせる。

古我邸
こがてい

築造 **大正5年**

扇ガ谷 **MAP** 付録P.7 F-3

歴史が息づく大豪邸

日本人初の英国王立建築士、桜井小太郎が設計。現在はフレンチレストランとして営業。

⇒P.124

→皇族や富裕層の別荘地であった、鎌倉の歴史を物語る

湯浅物産館
ゆあさぶっさんかん

若宮大路周辺 **MAP** 本書P.42

昭和レトロな商業ビル

看板建築と呼ばれるスクラッチタイル貼りの外観が目を引く。6連の上げ下げ窓も往時の面影を残す。

築造 **昭和11年**

→洋風の装飾を施した看板建築の代表格。吹き抜けのある内部も必見

旧安保小児科医院
きゅうあぼしょうにかいいん

御成町 **MAP** 付録P.7 F-4

貴重な洋風医院建築

築造 **大正13年**

三方に設けられた切妻屋根とハーフティンバーの壁が華やかな印象。内外ともに当時の姿をとどめている。

→平成7年（1995）までは、小児科医院であった

寸松堂
すんしょうどう

由比ヶ浜 **MAP** 付録P.13 E-2

街のランドマーク的存在

鎌倉彫の老舗商店兼住宅。3階建ての塔を持つ建物は寺院建築と城郭建築に町家が融合したような独特なスタイル。現在も店舗として運営している。

築造 **昭和11年**

→彫師・佐藤宗岳氏の店舗兼住宅として建築。店舗部分のみ見学可

文士たちが築いた作品と風土
日本の文学をリードした
鎌倉文士たち

鎌倉に移住した作家たちのエネルギッシュな活動は、
市民も巻き込み街の活性化に大きく貢献した。

◑里見邸で開かれた新年会の様子。左から真船豊、大佛次郎、里見弴、久保田万太郎、川端康成、中山義秀。横須賀線の開通を機に文学者たちはこぞって鎌倉に移住した〈日本近代文学館蔵〉

美と出会う●文学

多くの文人が集い
交流し作品を執筆

　明治に入り、鎌倉・湘南エリアは、温暖な気候に豊かな自然、歴史的な背景を持つ土地柄などから、保養・別荘地として注目を集めるようになった。明治22年（1889）に横須賀線が開通すると、アクセスが便利になったこともあり、昭和初期には、里見弴や久米正雄、大佛次郎、川端康成など、多くの作家や文学者が鎌倉に集まって暮らすようになり、「鎌倉文士」という言葉も生まれた。

　なかでも北鎌倉や由比ヶ浜、長谷周辺

は、文士たちが好んで移住した土地として知られ、彼らの作品には、親しんだ土地や寺社の描写も多くみられた。

　文士たちは、自身の創作活動を行う一方、昭和9年（1934）から戦中の中断を挟んで30年余りにわたり、街中で仮装パレードなどを行う「鎌倉カーニバル」を開催。また、昭和20年（1945）には、貸本屋「鎌倉文庫」を開店した。いずれも中心となったのは、鎌倉ペンクラブ所属の鎌倉文士たちであった。彼らの活動は、当時、娯楽の少なかった市民たちにも喜ばれ、鎌倉の文学や文化の発展へとつながっていった。

◑夏目漱石は明治27年（1894）から翌年にかけて円覚寺に参禅し、小説『門』や『夢十夜』を発表している〈県立神奈川近代文学館蔵〉

◑芥川龍之介は大正5年（1916）から3年余りを由比ヶ浜や大町で過ごした。鎌倉文学館には直筆の原稿が展示されている〈日本近代文学館蔵〉

ミュージアムで知る鎌倉文士

文化財保護とともにさまざまな新たな文化活動を興し、武士の街・鎌倉に新たな彩りを足した作家たち。
当時の生活ぶりが今もそのまま残る場所で、彼らをより身近に感じたい。

鎌倉文学館

かまくらぶんがくかん

長谷 **MAP** 付録P.12 C-2

眺めの良い高台の洋館に
鎌倉文学者の資料を展示

旧前田侯爵家の別邸を改装し、昭和60年
(1985)に開館。洋風アール・デコ様式に
和風様式が混在したデザインの建物は、
2000年、国の登録有形文化財に指定さ
れた。館内では鎌倉ゆかりの文学者の原
稿や手紙、愛用品を展示し、文学者と
鎌倉の関わりなども紹介。定期的に趣向
を凝らした特別展も開催している。

☎0467-23-3911 ㊙鎌倉市長谷1-5-3
㊥江ノ電・由比ヶ浜駅から徒歩7分 ㋿なし

↑立派な洋館と広大な庭。戦後の一時は、佐藤栄作元首相が別荘として借りていた

↑庭園では春と秋に約200種類250株のバラが咲く

※2024年2月現在、改修工事のため休館中。
敷地内への立ち入り不可

↑テラスからは海の景色が見える

↑洋風の室内に和風の違い棚などがある展示室

吉屋信子記念館

よしやのぶこきねんかん

長谷 **MAP** 付録P.13 D-2

女流歴史作家の草分け
吉屋信子の家を保存し活用

『徳川の夫人たち』を書いた作家・吉
屋信子が10年余りを過ごした邸宅。
作家の遺志により、土地、建物など
は鎌倉市に寄贈され、市民の学習施
設として役立てられている(要予約)。
内部は期間限定で一般公開され、見
学できる(一般公開日は鎌倉市の公式
HPを確認)。

↑昭和49年(1974)開館。グループ学習
などに利用されている

☎0467-61-3912(生涯学習課)
㊙鎌倉市長谷1-3-6 ㊖㊗鎌倉市HP要
確認 ㊥江ノ電・由比ヶ浜駅から徒歩7分
㋿なし

↑生前の書斎や寝室が残る一軒家

文豪の足跡をたどる

文豪たちの足跡や作品の舞台が鎌倉各地に散らばっている。
実際に足を運んで、名作が生まれた風景を見てみよう。

美と出会う●文学

鎌倉に関連する文学作品と作家

芥川龍之介	『身のまはり』『袈裟と盛遠』
有島武郎	『或る女』
泉鏡花	『星あかり』
大佛次郎	『日蓮』『帰郷』
海音寺潮五郎	『蒙古来る』
葛西善蔵	『おせい』
川端康成	『千羽鶴』『山の音』
国木田独歩	『鎌倉妙本寺懐古』『運命論者』
久米正雄	『破船』
里見弴	『安城家の兄弟』
澁澤龍彦	『きらら姫』
島崎藤村	『春』
太宰治	『裸川』『道化の華』
立原正秋	『薪能』『鎌倉夫人』『流鏑馬』
谷崎潤一郎	『痴人の愛』
永井龍男	『秋』『電車を降りて』
夏目漱石	『門』『こゝろ』
武者小路実篤	『友情』　ほか

↑夏目漱石が参禅した円覚寺帰源院では毎年4月29日の命日に合わせ「漱石の会」が開かれる

↑昭和35年(1960)頃の川端康成(左)と高見順(右)。鎌倉文庫の運営などでともに活動することが多かった。長谷の川端康成自宅にて〈日本近代文学館蔵〉

目白山下駅
小田急江ノ島線
湘南江の島駅
江ノ島駅
卍 龍口寺 P.75
新江ノ島水族館 P.79
片瀬江ノ島駅
腰越駅
卍 満福寺 P.75
恵風園胃腸病院
小動岬
鎌倉高
鎌倉高校前駅
七里ヶ浜駅
七里ガ浜
七里ヶ浜
七里ヶ浜高
七里ヶ浜ゴルフ場
鎌倉プリンス
江ノ島電鉄
稲村ヶ崎駅
稲村ヶ崎
極楽寺駅
江の島
江の島弁天橋
江の島大橋
P.80
卍 江島神社(辺津宮)
奥津宮
江の島サムエル・コッキング苑 P.80
江の島ヨットハーバー

太宰治が心中体験をもとに道化の華を書いた。

昭和5年（1930）、太宰治が心中を図った小動岬。収容されたた病院。恵風園胃腸病院。

相模湾

大船駅

常楽寺 卍

小袋谷川

夏目漱石の「門」に登場する。山門

帰源院
夏目漱石の『門』や島崎藤村の『春』でそれぞれの参禅のさまが描かれている。

大正8年（1919）に有島武郎の『或る女』の後編を執筆。松村源泉院

卍 称名寺

墓地
田中絹代、開高健などの墓がある。

仏日庵
大佛次郎の『帰郷』や川端康成、千羽鶴らの舞台。

鎌倉カントリークラブ

御菓子司ごまき
川端康成が里見弴、高見順らが好んだ店。

光泉
久保田万太郎、村松梢風らが好んだいなり寿司の店。

鎌倉パブリックゴルフ場

鎌倉カントリークラブ

高見順に胸よ登り胸に登れ場が胸よ

高見順の墓がある。

小林秀雄、大田水穂、西田幾太郎、堀田善衛の墓がある。

三島由紀夫が海「とろ焼け」で湘南の海の眺望を綴った。

渋澤龍彦は昭和62年（1987）に亡くなるまで明月院の近くに住んだ。

散在ガ池森林公園

▲六国見山

北鎌倉駅
北鎌倉駅
北鎌倉女子学園高・中

円覚寺 P.45

北鎌倉

大正8年（1919）から4年ほど葛西善蔵が宝珠院で過ごし、『おせい』の中で描かれている。 P.54
★大平山

東慶寺

卍明月院 P.52

勝上ヶ嶽

自らが設計し住んだ家。現在はイベントスペース「西御門サローネ」として利用されているネス関わ

浄智寺 P.52

P.48
卍建長寺

P.68
卍覚園寺

天台山 ▲

卍瑞泉寺 P.69

鎌倉霊園

梶原

原に居を構え『雪』『春の鐘』『帰路』などを。

島木健作、澤龍彦らの墓がある。

鎌倉学園高・中

亀ヶ谷坂

里見弴旧居

天台山 ▲

立原正秋が『薪能』を著し、薪能を背景に悲恋を描いた。

P.56 銭洗弁財天
宇賀福神社

海蔵寺 P.59

仮粧坂

P.58
卍浄光明寺

P.35
鶴岡八幡宮

P.68
鎌倉宮 卍

卍浄妙寺 P.67

イエズス会鎌倉修道院

P.59 佐助稲荷神社

大浜次郎の眠る高浜次郎や高

源氏山 ▲

P.58
卍英勝寺

寿福寺 P.58

大佛次郎旧宅

二階堂川

卍明王院 P.55

光触寺

与謝野晶子、句碑がある。

吉屋信子の邸宅が期間限定で公開。

若宮大路

卍妙隆寺 P.38

P.66
卍報国寺

滑川

大仏切通し

『山の音』の主人公のモデル、信吾の家。

鎌倉市役所

鎌倉駅

釈迦堂切通し

衣張山 ▲

高徳院

●大仏

P.107 鎌倉文学館 ★

吉屋信子記念館

和田塚駅

卍妙本寺 P.71

P.72
卍安養院

鎌倉女学院高・中

昭和20年（1945）、貸本屋「鎌倉文庫」開店。

川端康成旧居

谷寺 P.63

由比ヶ浜駅

野間西洋洗濯店跡

由比ヶ浜

逆川

芥川龍之介は大正5〜9年（1916〜19）、この近くに下宿。

卍安国論寺 P.73

大正14年（1925）、萩原朔太郎が移る。

御霊神社 P.64

海月楼跡

就院

九品寺 卍

横須賀線

↑北鎌倉の名店「光泉」（P.141）のいなりは鎌倉文士たちからも愛された味

材木座

材木座海岸

卍光明寺 P.70

萩原朔太郎が『月に吠える』を編集。大正5年（1916）、

明治35年（1902）、国木田独歩が境内の借家に住んでいた。

和賀江嶋

高浜虚子の句碑、原の碑が。

夏目漱石が『こゝろ』で描写した土地。大佛次郎の作品内にも多々登場する。

大正11年（1922）、夏目漱石が高浜虚子の居、山雄旧跡の碑や久米正雄の胸像、牛の碑があ。住高正。

小坪漁港

小坪マリーナ

大崎公園

披露山公園

高養寺 卍

逗子駅

逗子市役所 ◎

逗子開成高・中

●不如帰碑

逗子湾

京急逗子線
逗子・葉山駅

とんかつヒレ(4切れ)
定食2030円
サクサクの衣に包まれたヒレ
肉はやわらかく、濃厚な肉の
旨みがしっかりと感じられる

↑家庭的な雰囲気で、気さくな店主との
会話も楽しい

銀幕のスターも訪れた
素朴で温かみのある店

とんかつ 小満ち

とんかつこまち
小町通り周辺 **MAP** 本書P.41

昭和22年(1947)の創業以来、こ
の店を贔屓にした著名人は数多い。
名だたる鎌倉文士のほか、映画俳
優も頻繁に訪れたという。上質の
国産豚をカラッと揚げたとんかつ
は、軽くて胃にもたれず、女性や
年配者にも好評。里見弴が愛した
カニコロッケも美味。
☎0467-22-2025
所鎌倉市小町1-6-12 営11:30～19:30
休火曜 交JR鎌倉駅から徒歩2分
Pなし

予約	不可
予算	⒧⒟1500円～

今に伝わる作家たち自慢の名物グルメ

鎌倉文士が愛した店と味

作家、文学者や映画人など多くの文化人が、鎌倉に暮らし活動するなかで
愛した鎌倉のグルメ。当時の空気を感じながら名店の味を楽しみたい。

美と出会う●文学

大佛次郎『敗戦日記』に
幾度となく登場する老舗

中国料理 二楽荘

ちゅうごくりょうり にらくそう
小町通り周辺 **MAP** 本書P.42

昭和9年(1934)創業。川端康
成、大佛次郎をはじめとする
鎌倉文士が集った店として知
られ、その様子は大佛の『敗戦
日記』に数多く記されている。
川端や大佛らが「いつものみや
げ」として持ち帰った花シュウ
マイやフカヒレの姿煮など、
創業時の味を守り続けている。
☎0467-22-0211
所鎌倉市小町2-7-23 3F 営11:00～
21:00(準備時間あり)コース料理予
約・宴会の場合～21:00一般アラカ
ルトは～19:00(LO) 休不定休
交JR鎌倉駅から徒歩3分 Pなし

予約	可
予算	⒧⒟2000円～

気仙沼産フカヒレの姿煮
8800円
創業時からの味。文化人や芸能
人の方々に愛される

↑50名まで着席可能な、シックな店内

花シュウマイ(2個)638円
鹿児島産黒豚をモチモチの薄皮で
包んだジューシーな一品。おみや
げ用折あり

日本映画界の巨匠が好んで食した特製の天丼

天ぷら ひろみ

てんぷら ひろみ
小町通り周辺 **MAP** 本書P.41

小津安二郎や小林秀雄をはじめ、各界で活躍する文化人が通った名店。小津は、天丼の天ぷらをつまみに熱燗を飲み、最後にタレが染みたご飯を食べるのが常だったという。昼は手ごろな定食も人気。

☎0467-22-2696
🏠鎌倉市小町1-6-13寿ビル2F
🕐11:30〜14:00 17:00〜19:30
🈺水曜
🚃JR鎌倉駅から徒歩2分 🅿なし

| 予約 | 昼は不可、夜は要 |
| 予算 | ⓁⒹ4000円〜 |

→独自に配合した油で、手際よく揚げる

小林丼 4000円
小林秀雄が好んだかき揚げ、穴子、白身魚をのせた天丼。穴子の骨の素揚げが添えられる

小津丼 4000円
かき揚げ、車エビ、白身魚、野菜がのった小津安二郎好みの天丼。エビはかまの素揚げが付く

→昭和33年(1958)創業。現在は2代目と3代目が先代の味を受け継ぐ

昭和の雰囲気漂う空間で名物のホットケーキを

イワタコーヒー店

イワタコーヒーてん
小町通り周辺 **MAP** 本書P.41

川端康成や大佛次郎ら鎌倉文士が、足繁く通ったレトロな喫茶店。ジョン・レノンが来店したことでも知られる。約30分かけて焼き上げるホットケーキは、ネルドリップで淹れるコーヒーとよく合う。

☎0467-22-2689
🏠鎌倉市小町1-5-7
🕐9:30〜18:00
🈺火曜、第2水曜
🚃JR鎌倉駅から徒歩1分
🅿なし

| 予約 | 不可 |
| 予算 | Ⓛ1000円〜 |

↑70年以上の歳月を経てきた店内。庭を望む明るいサンルーム席がおすすめ

ホットケーキ 1100円
分厚いホットケーキが二段重ねで登場。こんがり焼けた表面は香ばしく、中はフワフワの食感が楽しめる

創業60年の歴史を誇る鎌倉駅前の老舗パーラー

パーラー扉

パーラーとびら
小町通り周辺 **MAP** 本書P.41

店名「扉」は、俳人・久保田万太郎が命名。川端康成、大佛次郎、高見順といった鎌倉文士をはじめ、画家や彫刻家、演劇関係者も常連客に名を連ねた。創業当時から伝わるオリジナルメニューが自慢。

☎0467-25-0505
🏠鎌倉市小町1-6-20 3F
🕐10:30〜17:00
🈺火曜(祝日の場合は営業)
🚃JR鎌倉駅から徒歩1分
🅿なし

| 予約 | 不可 |
| 予算 | Ⓛ1200円〜 |

↑鳩サブレーで有名な豊島屋の直営

→新名物の「鎌倉ドッグ」。源氏の旗と平氏の旗をイメージしている

パンドラ 700円
スポンジケーキにバニラアイスをのせ、チョコレートをたっぷりかけたオリジナルメニュー

日本映画の巨匠が愛した地

フィルムに焼き付けられた美景を探す

小津映画と鎌倉

世界的な評価を受け多くの後続に影響を与えた、日本映画を代表する巨匠・小津安二郎。
「小津調」と呼ばれる独自のスタイルを築きあげる拠点となったのが、鎌倉の地だった。

小津映画の名場面を飾る 鎌倉の風景

庶民の日常を静謐な映像美で描いた映画監督・小津安二郎。鎌倉の美しい風景を愛した小津は、この地を舞台に傑作『晩春』『麦秋』を生み出した。撮影は、松竹大船撮影所のほか鎌倉各地で行われ、高徳院や寿福寺をはじめ随所にロケ地が点在。鶴岡八幡宮、北鎌倉駅、扇ガ谷踏切、国道134号なども、印象的なシーンに登場する。

小津は、鎌倉に近い茅ヶ崎の旅館「茅ヶ崎館」を定宿として、数々の脚本を執筆した。晩年は北鎌倉に居を構え、里見弴、大佛次郎ら鎌倉ゆかりの文化人と幅広く交流し、互いに影響を与え合ったという。日本映画の黄金期を支えた松竹大船撮影所は、2000年に惜しまれつつ閉鎖された。しかし、鎌倉界隈には、小津が残した名作の面影が、今も息づいている。

↪寺社以外にも、由比ヶ浜海岸や北鎌倉駅など、多くの風景が登場している

小津安二郎監督作品ゆかりの寺社

高徳院
こうとくいん

大仏の前で、茂吉がキャラメルを包み紙ごと食べてしまうシーンで昭和26年(1951)公開の『麦秋』に登場。

➡P.62　長谷　MAP 付録P.12 C-2

寿福寺
じゅふくじ

昭和24年(1949)に封切られた『晩春』。その冒頭に登場する寺の屋根は、寿福寺のものといわれている。

➡P.58　扇ガ谷　MAP 付録P.7 F-2

浄智寺
じょうちじ

小津映画の看板俳優・笠智衆が、インタビューの場所としてよく指定した寺。近くには小津邸があった。

➡P.52　北鎌倉　MAP 付録P.4 C-3

鎌倉の風情と、世界の映画を楽しめる

鎌倉市川喜多映画記念館
かまくらしかわきたえいがきねんかん

小町通り周辺 MAP 付録P.8 C-1

映画の発展に大きく貢献した川喜多長政・かしこ夫妻の旧宅跡に建つ。常設展のほか、年に4回ほどテーマが変わる企画展を開催し、貴重な映画資料を展示。国内外の映画上映やトークイベントなども行う。

↪川喜多夫妻旧宅跡に2010年に開館

↪広く映画の世界にふれられる展示室

☎0467-23-2500　⌂鎌倉市雪ノ下2-2-12　⏰9:00~17:00(入館は~16:30)　休月曜(祝日の場合は翌日)　¥企画展200円~、映画鑑賞1000円~　交JR鎌倉駅から徒歩8分　Pなし

食べる

❖

とっておきの
店で過ごす
「食」時間

目の前の海で獲れる、
しらすをはじめとした魚介、
すっかり有名になった色とりどりの
鎌倉野菜など、自然に恵まれた街
ならではの味覚を楽しみたい。
雰囲気のいいレストランやカフェも
数多くある。

店主の創意と最新の技術が
繊細かつ斬新な和食

創作和料理 近藤
そうさくわりょうり こんどう
若宮大路周辺 **MAP** 本書P.43

京都出身の店主が織りなすのは、京
野菜や鎌倉野菜を繊細に盛り込んだ
懐石料理。食材はもとより、水の性
質も見極め、料理によって巧みに使
い分ける。最新の調理機器も積極的
に取り入れ、これまでにない味や食
感を追求。伝統を重んじつつ、常に
新たな和食を創造し続ける。

☎0467-25-0301
所鎌倉市雪ノ下1-8-36津多屋ビル1F-3号
営11:30～15:00(LO14:00) 17:30～21:00
(LO20:00) 休水曜、第2木曜 交JR鎌倉駅
から徒歩10分 Pなし

予約	望ましい
予算	L4000円～
	D6500円～

昼のコース「味彩」5500円
秋の風情あふれる八寸(上)。低温
で加熱した味噌漬けローストビー
フは、中まで味が染みて美味(右)
(写真はコース料理の一部)

→鶴岡八幡宮の近くにあり、カウ
ンター席とテーブル席を備える

古都鎌倉の贅を尽くした味わい

華やぎのある和の美食

古都の四季を繊細に映し出す、彩り豊かな料理の数々。
和食の真髄を究めた料理人の技が見事に冴えわたる。

昼のコース「豊楽」4400円
平日昼のみのコース。旬の魚を盛
り合わせたお造り2～3種。見た目
も美しい鱧の椀は、鱧のだしがふ
わりと広がる
(写真はコース料理の一部)

地の食材を存分に生かした
滋味あふれる料理に舌鼓

鎌倉 阿寓
かまくら あぐう
二階堂 **MAP** 付録P.10 C-2

↑畳に椅子を配した店内

鎌倉宮近くにたたずむ一軒家。東京「吉兆」
で18年研鑽を積んだ料理長が、素材の見極
めから盛り付けまで、一切手抜きのない料
理を披露する。野菜は地元の旬素材、魚は
佐島や小坪の地物を中心に厳選。だしが香
る椀や、炊き込みご飯も味わい深い。

☎0467-25-3299
所鎌倉市二階堂93-25
営12:00～15:00 17:00～22:
00(LO20:00) 休水曜(祝日の
場合は営業) 交大塔宮バス停
から徒歩1分 Pなし

予約	要
予算	L4500円～
	D6500円～

食べる●鎌倉ごはん

114

正統派の和食と手打ちそばを
多彩なカクテルとともに

割烹・蕎麦 波と風
かっぽう・そば なみとかぜ
長谷 **MAP** 付録P.12 B-2

和食料理人とバーテンダーの夫妻が
営む割烹。おまかせで供されるのは、
旬の素材を吟味した料理の数々。丹
念な下ごしらえ、絶妙な火入れなど、
妥協を許さない確かな仕事ぶりが見
てとれる。締めには、特製の石臼で
自家製粉した十割そばを。

☎0467-95-1988
所鎌倉市長谷1-16-21新
倭人館2F 営17:30～22:
00 土・日曜12:00～14:00
17:30～21:00 ※全ての時
間、要予約 休月曜、ほか
不定休 交江ノ電・長谷駅
から徒歩5分 Pなし

居心地のよいカウン
ター席

予約	要
予算	L7000円～
	D1万2000円～

ざる蕎麦 1100円
コシが強く香り豊かな打ちたて
そばは、意外にもジントニック
と相性ぴったり

昼のおまかせ 6600円～
炭火で炙ったサワラとスミイカの
刺身(下)。海老芋とホウレン草の
煮物は、上品なだしが素材によく
染み込み、奥深い味わい(上)
(写真はコース料理の一部)

古都の情緒に包まれながら
季節感あふれる料理を堪能

北鎌倉 円
きたかまくらえん
北鎌倉 **MAP** 付録P.4 C-1

円覚寺の白鷺池を借景に、意匠を
凝らした数寄屋造り。そんな趣あ
る空間で、旬を敏感にとらえた懐
石料理が楽しめる。腕をふるうの
は、老舗日本料理店で修業した店
主と、その技を受け継ぐ2代目。素
材に寄り添い、だしを利かせた奥
ゆかしい味わいが、体に染みわた
る。

☎0467-23-6232
所鎌倉市山ノ内501 営11:30～14:00
(LO13:30) 17:00～21:00(入店は～18:
30) 休月曜 交JR北鎌倉駅西口すぐ
Pなし

予約	昼は望ましい、夜は要
予算	L5000円～
	D7000円～

↑階段を上った先に、和
の空間が広がる

↳10席のみの、こぢんまり
とした店内

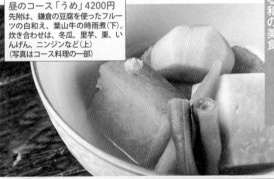
昼のコース「うめ」4200円
先附は、鎌倉の豆腐を使ったフルー
ツの白和え、葉山牛の時雨煮(下)。
炊き合わせは、冬瓜、里芋、栗、い
んげん、ニンジンなど(上)
(写真はコース料理の一部)

地元客に長年親しまれる
昔ながらの家庭的な寿司店

かまくら小花寿司
かまくらこはなずし

由比ヶ浜 **MAP** 付録P.12 C-3

昭和51年(1976)創業の寿司店。相模湾の地魚や、豊洲から仕入れる貝類など、新鮮なネタをていねいに握った寿司に定評がある。18種類ほどの魚介を盛り込んだ二段重ねの特上ちらしもおすすめ。気さくな接客や肩肘張らない雰囲気にも心和む。

☎0467-23-0490
所鎌倉市長谷1-11-13 営12:00〜15:00(L014:30) 17:00〜22:00(L021:30) 休水曜(祝日の場合は翌日) 交江ノ電・由比ヶ浜駅から徒歩3分 Pあり

予約	望ましい
予算	⒧⒟3000円〜

特上にぎり
3960円
ウニやトロなど上質なネタが満載。シャリとネタとの一体感も絶妙だ。生しらすが付くことも

食べる●鎌倉ごはん

食通も納得。旅先で贅沢を味わう

とっておきの寿司

凛とした空気が漂う高級店、
地元の常連客が足繁く通う気取らない人気店。
それぞれに魅力的なおすすめの店を厳選してご紹介。

↑親子2代で握る寿司が評判。家族経営ならではの温かみも魅力

鎌倉駅前の名店で
新鮮な地魚が味わえる

すし処 きみ
すしどころきみ

小町通り周辺 **MAP** 本書P.41

戦後間もなく創業した高級料理店「御代川」の流れをくむ。葉山漁港や長井漁港など地元の旬の地魚を中心に、葉山牛の炙り握りなど、鎌倉ならではの味覚が楽しめる。高級店らしい落ち着きのあるたたずまいだが、お手ごろなランチメニューもある。

☎0467-25-4141
所鎌倉市小町1-4-1 営11:00〜20:30(L020:00) 休無休 交JR鎌倉駅からすぐ Pなし

予約	望ましい
予算	⒧1760円〜 ⒟2000円〜

↑JR鎌倉駅東口からロータリー越しに見える好立地

↓カウンターにはネタケースがなく、すっきりモダンな雰囲気

板長おまかせコース 5500円
前菜、刺身、地魚の煮付け、サザエのつぼ焼き、茶碗蒸し、地魚中心の握り、味噌汁、デザートが付く

↑葉山牛の炙り握り1貫880円。適度にサシが入り、口の中でとろける

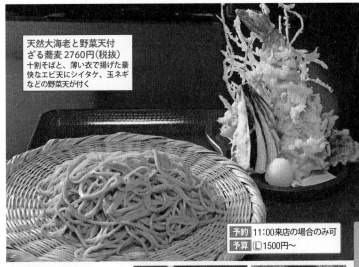

おいしいそばを追求し続ける
店主が打つ十割そば

手打ちそば 千花庵
てうちそば ちはなあん

若宮大路周辺 MAP 付録P.9 F-1

十割そばが味わえるお店で、そば
通も多く訪れる。店主こだわりの
十割そばは、まずは何もつけずに、
そば本来の香りや甘みを楽しみた
い。また、日替わりで産地の異な
る2種類のそばの食べ比べができる。
そばのおいしさを引き立てるサイ
ドメニューも充実。

☎0467-22-6517
鎌倉市西御門2-6-13 🕐11:00〜15:
00(LO14:30) 🈺月曜(祝日の場合は翌火
曜)、第2・4火曜(変動あり) 🚌岐れ道バス
停から徒歩3分 Pなし

天然大海老と野菜天付
ざる蕎麦 2760円(税抜)
十割そばと、薄い衣で揚げた豪
快なエビ天にシイタケ、玉ネギ
などの野菜天が付く

予約 11:00来店の場合のみ可
予算 L1500円〜

豊かな喉ごしや香りを楽しむ

そばの名店

そばの基本は、挽く、練る、のばす、切る。
シンプルな工程だからこそ、職人の実力が引き立つ。
そんな奥深いそばを堪能できる名店を訪ねたい。

⬆鶴岡八幡宮にほど近い閑静
な住宅街のなかにたたずむ

⬅恵寿卵のだし巻き玉子720
円。神奈川県産の卵で、色の濃
い卵黄が特徴の恵寿卵が、だし
と絶妙に合う

こ寿々そば1180円
三つ葉、海苔、揚げ玉、大葉、
大根おろし、ゆずが入った風味
豊かな細打ちそば。つゆをかけ
てツルッと喉ごし良くいただく

契約栽培のそばを使用
デザートのわらび餅も人気

段葛 こ寿々
だんかずらこすず

若宮大路周辺 MAP 本書P.42

すべて手打ちで提供されるそばは、長
野の蓼科高原で契約栽培する玄そばを
自家製粉したもの。毎朝銅鍋で練り上
げられるわらび餅も人気で、手みやげ
として買い求める人も多い。店内では
作りたてが食べられる。

☎0467-25-6210
鎌倉市小町2-13-4 🕐11:30〜19:00(平日
LO17:30土・日曜、祝日LO18:30) 🈺月曜、第
1・3火曜(祝日の場合は翌日) 🚉JR鎌倉駅から
徒歩8分 Pなし

予約 不可
予算 LD870円〜

⬆独特の弾力ととろける食感
のわらび餅600円も名物。持
ち帰りはプチサイズ432円〜

➡若宮大路のなか
でも目立つ、レトロ
な木造建築の店

117

しらすづくし定食 2100円
生しらす、かき揚げ、釜揚げしらす、タタミイワシ、ちりめん佃煮で鎌倉のしらすを満喫

網元直営店だから味わえる
種類豊富な絶品しらす料理

しらすや 腰越漁港前店
しらすやこしごえぎょこうまえてん

腰越 **MAP** 付録P.17 D-2

しらすづくし定食、しらす丼など、しらす料理は10種類以上。ぷりぷりとして苦みが少なく、ほんのりとした甘さが絶品の生しらすをはじめ、手作りの釜揚げしらす、タタミイワシなどが楽しめる。鮮度抜群の魚介料理も豊富だ。ドライブインでは、しらすかき揚げなどを持ち帰りできる。

☎0467-33-0363
所鎌倉市腰越2-10-13 営11:00～22:00(LO 21:00) 休木曜 交江ノ電・腰越駅から徒歩3分 Pあり

予約	可
予算	L D 1100円～

↑開放感あるエントランス

↑大きな生け簀が目を引く店内

食べる●鎌倉ごはん

鮮度バツグンのしらすや地魚に舌鼓
海辺の街の美味しい魚料理

相模湾の豊富な漁場に恵まれた鎌倉。その日に水揚げされたしらすをはじめ、旬の魚を使った刺身や煮魚など、魚料理のおいしさは折紙付きだ。

鎌倉の海、山の幸を
彩り豊かな料理でいただく

鎌倉 秋本
かまくらあきもと

小町通り周辺 **MAP** 本書P.41

「鎌倉ならではの食材を最高の形で味わってほしい」。そのために料理長が地元の漁師、農家まで何度も足を運び、味、調理法を研究した。しらす丼は、土佐醤油、大葉・しょうがの薬味、濃厚な温泉卵で3度のおいしさを堪能でき、野菜の天ぷらは野菜の歯ごたえと甘さを味わえる。

☎0467-25-3705
所鎌倉市小町1-6-15 アイザ鎌倉3F
営11:00～15:30(LO15:00) 17:00～20:00(LO19:30) 休木曜 交JR鎌倉駅から徒歩1分 Pなし

予約	不可
予算	L D 1760円～

↑小町通りそばの便利な立地

↑清潔で明るい店内。窓格子が繊細でとても美しい

鎌倉づくし2860円
釜揚げしらす、生しらすとさまざまな鎌倉野菜とを同時に味わうことができる

118

本格会席料理と旬の地魚を
焼き物、煮物、刺身で味わう

鎌倉前 魚源
かまくらまえ うおげん

由比ヶ浜 MAP 付録P.13 D-3

予約	要
予算	LD 3900円〜

コースの内容は、その日に相模湾で揚がった魚を
中心に決める。新鮮な魚を刺身、煮付け、焼き物
で味わえるのはもちろん、全国から取り寄せた旬
の食材をこだわりの一品に仕上げた本格的な会
席料理が楽しめる。「鎌倉会席」では、約9品の料
理が味わえるうえ、良心的な値段もうれしい。

☎0467-24-8223
所鎌倉市由比ガ浜3-10-11 営12:00〜14:30 17:00〜
20:00(前日までの予約が必要) 休月・火曜
交江ノ電・由比ヶ浜駅から徒歩1分 Pなし

鎌倉会席 3900円
エボダイの煮付けと全国の旬
の食材を熟練の技で仕上げた
彩り豊かな品々。器も美しい

茶室もある店内。和風のしつら
えが温かく、落ち着いて本格会席
を味わうことができる

磯の香り豊かなしらすを
心ゆくまで堪能する

しらす問屋 とびっちょ
江の島本店
しらすどんや とびっちょえのしまほんてん

江ノ島 MAP 付録P.16 B-4

厳選した生しらすをはじめ、質の高い魚
介を使ったバラエティ豊かな料理が揃う。
丼は直径24cmあるビッグサイズで、ご
飯が見えないほど海鮮がてんこ盛り。海
の幸を味わい尽くしたい人におすすめ。

☎0466-23-0041
所藤沢市江の島1-6-7 営11:00〜21:00(LO20:
00) 休無休 交江ノ電・江ノ島駅から徒歩15分
Pなし

とびっちょ丼
2380円
マグロやエビなど10
種のネタをふんだんに
使った人気No.1

予約	可
予算	LD 1180円〜

➡店先でおみやげも
購入できる(左)。大き
なかき揚げにしらす
がのったボリューム
満点のしらすかき揚
げ丼1180円(右)

仙台牛イチボ
(A5)のロースト
ソーストリュフ
旬の食材添え
やわらかく旨みのある
イチボを野菜の甘
みとソースのコクが
引き立てる(写真は
コース料理の一部)

→ フォアグラのポア
レモリーユ茸のソー
スヤングコーン添え

鎌倉の食材を存分に生かす
本格フランス料理の名店

ミッシェルナカジマ

予約	望ましい
予算	Ⓛ8000円〜 Ⓓ1万5000円〜

常盤 **MAP** 付録P.6A-3

公邸料理人として外務大臣から表彰された経験を持つ中嶋シェフの料理は、旬の食材や彩り豊かな鎌倉野菜を存分に生かした目にも舌にもうれしい一品。ワインは約250種類、フランス中心のものを幅広く取り揃えている。スタッフのていねいな接客も評判で、気兼ねなく食事が楽しめる。

☎0467-32-5478
所鎌倉市常盤648-4 スカイ鎌倉1-1F 営12:00〜15:00(LO13:30)18:00〜22:00(LO20:00) 休木曜 交JR鎌倉駅から車で5分／仲ノ坂バス停から徒歩1分 Pあり

↑白を基調とした店内。窓からの景色も美しい

鎌倉野菜を使

自家栽培の露地野菜を
たっぷり使ったイタリアン

オステリア ジョイア

予約	望ましい
予算	ⓁⒹ 3000円〜 7000円

雪ノ下 **MAP** 付録P.9D-2

オーナーソムリエが土づくりから手がけた自家畑は、およそ2000㎡。肥料や農薬を極力使わず、野菜やハーブを露地栽培する。その日に収穫した野菜のおいしさを、存分に引き出した料理は格別。ワインは200種類ほど揃い、好みや料理に合わせて選んでくれる。

☎0467-24-6623
所鎌倉市雪ノ下1-9-30
田中屋ビル102 営11:30〜14:30(LO) 17:30〜21:00(LO) 休水曜、第2・3火曜(祝日の場合は翌平日) 交JR鎌倉駅から徒歩7分 Pなし

→店内はぬくもりのある雰囲気。野菜だけでなく、魚や肉料理にも定評がある

↑人気の少ない立地とは対照的に、正面入口は温かな様子

海老と畑の芥子菜の
イタリアサルデーニャ
カラスミ和え
1700円
畑で採れた芥子菜をシンプル
な味付けで仕上げ、素材の味
を生かした一品

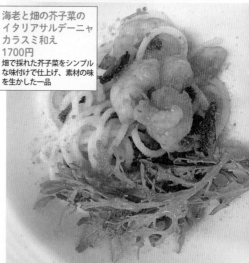

120

豊かな土壌で育った鎌倉野菜は、味が濃厚で
栄養たっぷり。地元ならではの鮮度もうれしい。

った逸品

毎朝仕入れる新鮮野菜を
主役に据えたフランス料理

PaPa Noel
パパノエル

由比ヶ浜 **MAP** 付録P.13 D-3

予約 望ましい
予算 Ⓛ 3200円～
Ⓓ 5500円～

イタリアンの要素を取り入れたカジュ
アルフレンチの店。使用する鎌倉野菜
は毎朝即売所から仕入れるため、鮮度
抜群。肉や魚料理にも野菜がふんだん
に盛り込まれ、どの品を頼んでも、旬
野菜が満喫できる。店主の実家は果樹
園とあって、畑直送の果実を使ったス
イーツも好評だ。

☎0467-24-9774
🏠鎌倉市由比ガ浜3-11-
41 🕐11:30～14:00
(LO) 18:00～21:00(LO)
🈺水曜、ほか不定休 🚃江
ノ電・由比ヶ浜駅から徒
歩3分 Ⓟあり

⬆気軽に立ち寄れる
家庭的なビストロ

⬆全14席の小さな空
間。シンプルな内装
が心地よい

ベーコンのグリエと
パルミジャーノ
鎌倉野菜のサラダ
1404円

20～30種類ほどの野菜
が味わえる一品。肉厚
のベーコンが野菜の味
をより引き立てる

ディナーコース
8800円
前菜の一皿の「魚介と
鎌倉野菜のサラダ」

鎌倉野菜と地魚を
シンプルフレンチで味わう至福

ビストロ ラ・ペクニコヴァ

北鎌倉 **MAP** 付録P.4 A-4

緑の多い閑静な住宅街にある、隠れ家
のようなビストロ。シェフは都内ホテ
ルや日本大使館で料理人として腕を磨
いたキャリアを持つ。毎朝、地元の市
場や逗子の漁港へ赴き、食材を自ら見
定める。ワインはフランス産のほか、
日本では珍しいスロバキアワインなど
も取り揃えている。

☎0467-39-5092
🏠鎌倉市山ノ内1149-8
🕐11:30もしくは12:30
～15:00 18:00～22:00
(LO20:00) 🈺水曜の
ディナー、木曜(祝日の
場合は営業) 🚃JR北
鎌倉駅から徒歩15分
Ⓟあり(要予約)

予約 要
予算 Ⓛ 4400円
Ⓓ 8800円

⬆隠れ家という言葉が
ぴったりな入口

⬆温かみのある店内には
センスの光る小物が配さ
れている

鎌倉野菜を使った逸品

121

懐かしさと心地よさに癒やされて

古民家に美食のとき

古都の風景に溶け込む古民家が、
モダンなレストランに変身。
日本家屋の情緒に包まれて、
ほっと心安らぐひとときを。

店内は古民家らしい和風の造りと洋風の調度品がマッチしている

庭の緑を眺めながら味わうオーガニックイタリアン

イタリア料理

ESSELUNGA
エッセルンガ

長谷 MAP 付録P.12 B-3

予約	望ましい
予算	Ⓛ 2420円〜 / Ⓓ 8800円〜

築約100年の古民家。ツタに覆われた玄関を抜け、靴のまま部屋へ。国内外から厳選したオーガニック食材そのものの味を生かした、繊細な盛り付けの料理が自慢。自然派ワインも人気がある。

☎0467-24-3007
所鎌倉市長谷1-14-26
営11:30〜15:00(LO14:00)
17:30〜21:30(LO20:30)
休不定休 交江ノ電・長谷駅から徒歩5分 Pなし

ランチコース2420円より。旬の食材を使った本日の前菜、メインは北海道産どろ豚のグリル(2024年2月現在、抹茶は提供停止中)

風情あふれる日本家屋でいただく本格そば

そば／日本料理

鎌倉 松原庵
かまくらまつばらあん

由比ヶ浜 MAP 付録P.13 D-3

予約	可
予算	Ⓛ 2000円〜 / Ⓓ 5000円〜

店は築80年ほどの古民家を改装した趣のあるたたずまい。座席はテーブル、座敷、テラス席から選べる。名物は風味・喉ごしの良い二八そばと鎌倉野菜を取り入れた料理。店の内装から接客まですべてにこだわりが感じられる名店だ。

☎0467-61-3838
所鎌倉市由比ガ浜4-10-3
営11:00〜21:30(LO20:45)
休無休
交江ノ電・由比ヶ浜駅から徒歩3分
Pなし

由比3190円。彩り7種の盛り合わせ、旬野菜の天ぷら、そばといった味もボリュームも満足の一品

店内は黒を基調とした和モダン上品な雰囲気があふれる

落ち着いた空間で料理を楽しむ大人の隠れ家

フランス料理／イタリア料理

航 北鎌倉

こうきたかまくら
北鎌倉 MAP 付録P.4 B-1

予約	要
予算	Ⓛ3800円〜 Ⓓ5800円〜

閑静な住宅街にたたずむ築70年以上の古民家レストラン。店内の調度品、緑あふれる庭が上品な雰囲気を醸し出す。料理はフレンチ、イタリアンを掛け合わせたオリジナル料理。なかでも1日かけて作るソースは食材の旨みが凝縮された逸品。

☎0467-45-6811
🏠鎌倉市山ノ内856-5
🕐11:30〜15:00(LO13:30)
18:00〜22:30(LO21:30)
🈺月曜 🚃JR北鎌倉駅から徒歩7分 🅿なし

→三浦半島で揚がった鮮魚や鎌倉野菜も楽しめる、お重のランチフルコース5800円。こだわりのソースが料理に深みを添える。ワインはイタリア、スペイン、フランス産などが揃う

杉の一枚板のカウンターからは庭がよく見える。店内は落ち着いた雰囲気

鎌倉の野菜、鮮魚を正統派フレンチで

フランス料理

Restaurant Watabe

レストラン ワタベ

長谷 MAP 付録P.12 B-3

予約	可
予算	Ⓛ2000円〜 Ⓓ5000円〜

江ノ電の線路を渡り、大きな門をくぐると豪邸のような古民家が現れる。シェフが腕によりをかけて作るのは鎌倉の食材をふんだんに使ったフレンチ。ぬくもりを感じる落ち着いた店内で、ゆっくりと食事を楽しめる。

☎0467-22-8680
🏠鎌倉市坂ノ下1-1
🕐11:30〜15:00(LO14:00)
17:30〜22:00(LO20:00)
🈺不定休
🚃江ノ電・長谷駅から徒歩2分 🅿なし

シンプルで温かみのある北欧家具が古民家とよく合う

↑入口は江ノ電の線路沿いにある

↓ランチBコース3000円。鎌倉野菜と地魚を中心とした前菜の盛り合わせ、本日のお肉、湘南小麦のプティパン、デザートとボリュームも満点

築108年の歴史ある洋館で味わう美食
邸宅フレンチ 古我邸
(こがてい)

長い間非公開であった洋館がレストランとして生まれ変わって数年。
優雅な空間を求め、今も多くの人々を惹きつけてやまない。

1. 見晴らしの良い高台にたたずむ堂々たる建物。緑
豊かな庭も美しい
2. 建築当初の面影を残しつつ、モダンな感性を取り
入れて改装された
3. 兵庫県但馬産の鹿と黒文字
4. 山口県萩のクエ ブレザオラとドライトマト
※3、4は、1万5000円のディナーコースの一部

和食材を生かしたフレンチ

　5000㎡の広大な敷地に建つ古
我邸は、鎌倉三大洋館のひとつ。
大正5年(1916)、三菱合資会社の
重役・荘清次郎の別荘として建
てられ、のちに浜口雄幸や近衛
文麿らの別荘としても利用され
た歴史を持つ。

　長らく一般非公開だったが、
2015年4月にフレンチレストラ
ンとして再生。フランスで5年間
修業したシェフが、本場で学ん
だ技法をベースに、和の食材を
織り交ぜた料理を披露する。相
模湾の天然魚、近隣農家の野菜
や卵など、厳選素材を惜しみな
く使った料理は、季節感あふれ
る逸品揃い。メニューはコース
のみ。

古我邸
こがてい

扇ガ谷 **MAP** 付録P.7 F-3

☎0467-22-2011
所鎌倉市扇ガ谷1-7-23　営11:00〜15:00(L013:30)
17:30〜21:00(L019:00)　休火曜(祝日の場合は翌日)・
第1・3水曜　交JR鎌倉駅から徒歩5分　Pなし

予約	要
予算	Ⓛ7000円〜
	Ⓓ1万5000円〜

喧騒を逃れた特別空間
鎌倉山の名店

観光エリアから離れた高級住宅地・鎌倉山には、
昔から愛されてきた高級レストランが点在している。

最高級の黒毛和牛を
じっくり焼き上げた逸品

ローストビーフの店 鎌倉山本店
ローストビーフのみせ かまくらやまほんてん

鎌倉山 **MAP** 付録P.2A-2

旧家の別荘を改装した店内は、
和洋折衷の優雅な趣。料理も贅
を尽くした逸品揃いで、お祝い
の席にも最適だ。看板メニュー
は、目の前で豪快に切り分けら
れるローストビーフ。塩と胡椒
だけのシンプルな味付けで、濃
厚な肉の風味が堪能できる。

☎0467-31-5454
🏠鎌倉市鎌倉山3-11-1 🕚11:30~
15:00(LO14:00) 17:30~22:00(LO20:
00) 🈺無休 🚌住吉バス停から徒歩5
分／JR鎌倉駅から車で10分 🅿18台

予約	要
予算	Ⓛ9856円~
	Ⓓ1万9096円~

↑手入れの行き届いた美しい庭

↑豪華な調度品を配した店内

季節のおまかせランチ 1万5400円
やわらかくジューシーなローストビーフのほ
か、魚介のオードブルやデザートなどが並ぶ

美しい庭園を眺めながら
歴史ある建物で会席料理を

檑亭
らいてい

鎌倉山 **MAP** 付録P.18C-1

約5万m²におよぶ回遊式庭園に
囲まれた食事処。四季折々の風
情が美しく、晴れた日は富士山
や箱根連山を一望できる。江戸
時代の豪農の家を移築した本館
は、国の登録有形文化財に指定。
1階ではそばや一品料理、2階で
は会席料理が楽しめる。

☎0570-05-5656
(予約は050-1809-0005)
🏠鎌倉市鎌倉山3-1-1 🕚1階11:00~
日没、2階11:00~20:30 🈺7月最終
週の月~木曜 🚌高砂バス停から徒歩
1分／JR鎌倉駅から車で10分 🅿あり

予約	1階は可、2階は要
予算	Ⓛ2000円~
	Ⓓ8000円~

山椒会席 7865円
旬を取り入れた先付や椀盛、焼き物、煮物、そば
など8品が揃う会席コース。予約制

そば定食 2750円
コシのあるそばと天ぷ
ら、小鉢、水菓子など
が一度に味わえる

本館2階には3つの座敷があ
る(左)。本館2階のロビー(右)。
和洋折衷の内装が目を引く

すがすがしい鎌倉朝ごはん

サーファーやランナーも多い海辺の街は、朝が早い。
少し早めに到着して、朝のさわやかな空気を味わいたい。

鯖の文化干し定食 1450円
無添加・手造りのジューシーなサバを使用

朝食屋 COBAKABA
ちょうしょくや コバカバ

若宮大路周辺 **MAP** 付録P.8 C-3

長年営業を続けていた小林カバン店が2006年に食堂に転身。「自然の流れを感じて、太陽とともに生きよう」をコンセプトに、有機五穀米や無添加の味噌を使った定食、自家焙煎のオリジナルブレンドコーヒーなど、体にやさしい厳選素材を使って、朝食と昼食を提供している。

☎ 0467-22-6131
所 鎌倉市小町1-13-15　営 7:00～14:00
休 水曜　交 JR鎌倉駅から徒歩3分　P なし

予約 不可
予算 BL 650円～

朝ごはんがしっかり食べられる食堂

❤地元作家によるアートも展示されている

❤シンプルな朝ごはんの定番を揃えた、納豆定食880円(上)。
平飼いブランド有精卵を使用した卵かけご飯880円(下)
写真:大社優子

アボカドトースト
フレッシュコリアンダーとライム添え
1700円
アボカドトーストを世界で最初にメニューオンさせたのはbillsといわれるほどのクラシックメニュー

フルーツボウル
1300円
フレッシュなフルーツをたっぷりと使った、見た目もかわいい一皿
©Koji Hanabuchi

bills 七里ヶ浜
ビルズ しちりがはま

七里ヶ浜 **MAP** 付録P.18 C-3

シドニーに本店を構える「bills」の海外進出1号店。世界最新トレンドの食事を常に展開することで、お客を魅了し続け、2023年3月で日本上陸15周年を迎えた。家族の食卓をイメージした店内は開放感にあふれ、全席から海を一望できる。

☎**0467-39-2244**
🏠鎌倉市七里ガ浜1-1-1 WEEKEND HOUSE ALLEY 2F ⏰7:00〜21:00(LO20:00)月曜は〜17:00(LO16:00) 休不定休 🚃江ノ電・七里ヶ浜駅から徒歩1分 Pあり

海を見ながら最高の朝食を

©Koji Hanabuchi

予約	可
予算	Ⓑ Ⓛ 2000円〜

↑テラス、室内ともに素晴らしい景色が楽しめる

---

café recette 鎌倉
カフェ ルセット かまくら

長谷 **MAP** 付録P.12 B-4

東京・世田谷にある、素材と製法にとことんこだわった最高級パン専門店 recette の直営店。大正時代の古民家をリノベーションした店は、当時の梁などを生かした設計で、自然光が温かい。こだわりの家具や陶器なども要チェック。

☎**0467-38-5700**
🏠鎌倉市坂ノ下22-5 ⏰9:30(土・日曜、祝日8:30)〜17:00※ ※ モーニング9:30〜10:30(土・日曜、祝日8:30〜10:00)、ランチ11:00〜14:00 休無休 🚃江ノ電・長谷駅から徒歩5分 Pなし

古民家で食べる最高級パンスイーツ

モーニングプレート
1350円
姉妹店Bread Codeの鎌倉食パン(2cm)、サラダ、スクランブルエッグ、ベーコン、ドリンクが付く

↑美しい椅子やテーブルが古民家の雰囲気とマッチ

予約	可
予算	Ⓑ 1000円〜
	Ⓛ 1200円〜

すがすがしい鎌倉朝ごはん

質素にして贅沢。素材を大切にした鎌倉の心

精進料理を体験

禅寺が多い鎌倉で、古くから発展してきた精進料理。
食材に寄り添うやさしい味に、心も体も癒やされる。

由緒ある寺院でいただく
華やかな精進料理の数々

光明寺
こうみょうじ

材木座 **MAP** 付録P.15 D-4

静かな境内で供されるのは、精
進料理の質素なイメージを覆す
豪華な御膳。一品ごとに手間ひ
まかけて調理され、味も食感も
変化に富んでいる。追加料金で
眺めの良い大聖閣の個室を利用
できる。

☎0467-22-0603
新鎌倉市材木座6-17-19
⊛11:30～13:30 休不定休、12月20
日～1月6日 交光明寺バス停から徒歩
1分 Pあり

| 予約 | 要（2カ月前～11日前まで、2名以上で仮予約） |
| 予算 | L 4500円～ |

記主御膳 5500円
胡麻豆腐、精進揚げ、炊
き込みご飯、具だくさん
の味噌汁など9品に、水
菓子や甘味が付く

↑山門は江戸後期の造営で、鎌倉最大
級の規模を誇る

↓記主庭園は江戸の作庭家・小堀遠州ゆかりの池泉式庭園

↑椅子に座れるので、正座が苦手な人も安心

食べる●鎌倉ごはん

色とりどりのおいしいお惣菜
テイクアウト＆デリ

お天気がいい、陽気がいい日はテイクアウトして、
海辺や山で食べるのもおすすめ。

↖カボチャ、サツマイモ、ジャガイモのサラダ。400円/100g

↖タコライス風のお弁当。タコミート、ガーリック・アンチョビ・ポテトのサラダ、クリームチーズと野菜のサラダの3デリ800円

精進料理を体験／テイクアウト＆デリ

HAPPY DELI Kamakura
ハッピー デリ カマクラ

御成町 **MAP** 付録P.7 F-4

カジュアルな惣菜専門店

イートインもテイクアウトもできる惣菜は、冷製8種、温製3種のほか、グリルやスイーツもある。すべて英語で書かれたレシピをもとに作り、外国人にも好評。サイズは、2デリ（S）580円、2デリ（M）690円、3デリ800円。

☎080-5591-0135
所鎌倉市御成町15-7 樹々ビル2F
営10:00〜18:00 休日曜
交JR鎌倉駅から徒歩3分 Pなし

↖鎌倉にオープンして19年、地元客を中心に親しまれている

↖クリームチーズと野菜のサラダ。量り売りも可能。400円/100g

129

ゆるやかな時間が流れる
こだわりカフェ空間へ

古都に息づく和みの空間。日だまりのテラス席や落ち着いたムードの店内で
季節の息づかいを感じながら心の奥から深呼吸。

食べる●カフェ＆スイーツ

木洩れ日と緑あふれる
心地よい空間でひと休み

cafe kaeru
カフェ カエル

金沢街道 **MAP** 付録P.10 B-3

カエル好きの店主が、定年を機に自宅
を改装して始めた一軒家カフェ。街の
喧騒を逃れた明るい店内では、コーヒ
ーや自家製スイーツのほか、本日の定
食1800円～やチキンカレー1600円など
食事メニューも楽しめる。散策途中に、
足を延ばして訪れたい。

☎0467-23-1485
所鎌倉市二階堂936 営11:00～17:00(LO16:
30) 休水・木曜 交天神前バス停から徒歩3分
Pあり

1.店内のサンルーム。目の前には木花あふれる庭が広がり、四季折々の美し
さを堪能できる　2.人気は地元の季節の野菜をたっぷり使った彩り鮮やかな
季節野菜のどんぶり1700円。具だくさんの味噌汁付き　3.酸味と食感の良
い紅玉を使った焼きたてアップルパイバニラアイスのせ800円。あつあつの
パイとひんやりアイスのハーモニーに心もほころぶ

観光街にたたずむ
昭和レトロな純喫茶
珈琲卿 身似虚無
こーひーきょう みにこむ

小町通り周辺 **MAP** 付録P.8 C-3

地元で愛される古き良き喫茶店。観光客でにぎわうエリアに立地するが、店内は静かで落ち着いた空間が広がる。珈琲は20〜30種類から選べ、数量限定でスペシャリティコーヒーも用意する。軽食メニューのサンドイッチなどと一緒に味わいたい。

☎0467-25-1778
🏠鎌倉市小町2-10-4東洋ビルB1F ⏰10:00〜19:00
🈺火曜（祝日の場合翌日）🚃JR鎌倉駅から徒歩3分 🅿なし

1.ブレンドコーヒー700円とチーズケーキ450円（単品だと700円）
2.サンドイッチ900円（セットで注文すると650円）
3.カウンター席、テーブル席ともに5席ほどのこぢんまりとした店内

鎌倉の四季を望む
贅沢なブレイクタイム
狸穴Cafe
まみあなカフェ

北鎌倉 **MAP** 付録P.4 C-2

築約20年の蕎麦懐石店をリノベーションした店内の2階の大きな窓からは、表情豊かな山々が見渡せ、四季折々の風が心地よく通り抜ける。自家製スイーツのほか、鎌倉野菜や鎌倉ハムを使ったピタパンサンド1400円もおすすめ。

☎0467-33-4866
🏠鎌倉市山ノ内403 ⏰11:30〜18:00
（LO17:00）　※季節により変動あり 🈺不定休 🚃JR北鎌倉駅から徒歩3分 🅿なし

1.1階はテーブル席が2つ。2階は天井が高く広々した空間
2.散策の休憩に適した立地。入口の2体の石像が目印
3.サクサク生地がクセになる、人気のポップオーバー770円
4.野菜の甘みと牛肉の旨みがとろけるビーフシチュー2400円

落ち着いた雰囲気のなかでいただく

古都の甘味処

古都散策やお参り後のお約束といえば、素朴な甘さの和スイーツ。職人技がきらりと光る手作りの美味に心も体もほっとひと息。

古民家と日本庭園を愛でる
開放的な空間

無心庵

むしんあん

由比ヶ浜 MAP 付録P.13 E-3

江ノ電の線路を渡り、門をくぐると迎えてくれるのは季節の美しい花々。先代が自宅で始めた甘味処を、ていねいに手入れし、今に受け継ぐ。店内の雪見障子や波打つガラス戸、囲炉裏など、日本家屋の見どころも随所に。窓の外から時折聞こえる江ノ電の走る音も心地よく、鎌倉らしさを実感する。

☎0467-23-0850

所鎌倉市由比ガ浜3-2-13 営10:00～17:00 休木曜(祝日の場合は営業) 交江ノ電・和田塚駅から徒歩1分 Pなし

1. 北海道産の赤えんどう豆を使用したクリームあんみつ850円。縁側でぜひ味わいたい
2. 黒ごまきな粉800円。シンプルに黒蜜を回しかけて味わう
3. 庭を眺め、甘味をいただく
4. 江ノ電・和田塚駅の線路沿いにある

やさしく心に染みわたる
店主こだわりの手作り甘味

甘味処 こまめ

かんみどころ こまめ

佐助 MAP 付録P.7 D-4

高知、三重、伊豆のテングサをブレンドし、煮詰め、絞り、固めて切る。根気のいる作業を店主一人で黙々と行う。その仕込みが生きる名物のこまめ黒かん670円は、さくさくの食感が楽しく、しょうがで作るさわやかなシロップと好相性だ。シンプルなだけに、素材の良さが際立つ大人の甘味。

☎0467-23-8334

所鎌倉市佐助1-13-1 営11:00～18:00(LO17:45、ランチ11:30～14:00) 休火曜、第3月曜 交JR鎌倉駅から徒歩10分 Pなし

1. 静かな時間が流れる店内。銭洗弁財天などを訪れたときに立ち寄りたい
2. 深い甘みのある大納言小豆をゆっくり炊いて作るご利益ぜんざい800円
3. 豆腐を練り込んだアイスと白玉、手亡豆と木の実生姜みつを添えた白玉クリーム黒かん860円

創作和菓子作家が考案する
愛らしい練り切り
茶寮てまり
さりょうてまり

長谷 **MAP** 付録P.12B-4

創作和菓子作家の御園井裕子さんがオーナーを務める和菓子店。看板商品の「市松手毬」をはじめ個性豊かなオリジナルの練り切りは、色彩の豊かさとかわいさから若者にも高い人気を誇る。こぢんまりとした店内では、季節の上生菓子が抹茶付き1650円でいただける。

☎0467-33-4525
所鎌倉市坂ノ下28-35 営11:00〜16:00（売り切れ次第終了） 休月・火・木曜 交江ノ電・長谷駅から徒歩7分 Pなし

1.季節の詰め合わせ6個入り3240円。その時期の練り切りが楽しめる
2.茶寮は和菓子教室に併設
3.看板商品「手毬」1個648円〜。上品な色使いと繊細な切込みが特徴
4.代表作の市松手毬

風情豊かな日本庭園で
くずきりに舌鼓
くずきりみのわ

佐助 **MAP** 付録P.7D-3

京都で食べ、その味わいに魅了された夫妻が考案した名物くずきり。注文を受けてから葛粉を溶き、1人前ずつていねいに作る。できたてのくずきりは独特の透明感と弾力があり、絶妙な喉ごし。裏庭に咲く季節の草花を眺めながらいただくと、自然と心がときほぐされていく。

☎0467-22-0341
所鎌倉市佐助2-6-1 営10:00〜16:30（LO16:00） 休月・火・木・金・日曜 ※GW・年末年始などは変動あり、HPで要確認 交JR鎌倉駅から徒歩12分 P近隣有料駐車場利用

1.庭園に隣接し静寂に包まれた空間が広がる
2.緑豊かな庭で甘味を味わうことができる
3.たっぷりの氷とともに供されるくずきり1100円。ほどよい甘さの黒蜜と絡めて

四季折々の季節を映す
繊細な甘味を抹茶とともに
三日月堂 花仙
みかづきどうかせん

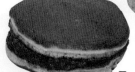
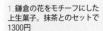

北鎌倉 **MAP** 付録P.5D-3

創業から90年余り、長い年月に洗われた和菓子店。厳選した素材でていねいに作られる甘味はどれもホッと癒やされるやさしい味。喫茶では、白玉ぜんざい1400円や抹茶と上生菓子1300円が人気。夏限定の宇治金時は行列ができるほど。

☎0467-22-8580
所鎌倉市山ノ内133-11 営9:00〜16:00（LO15:30） 休不定休 交JR北鎌倉駅から徒歩10分 Pあり

1.鎌倉の花をモチーフにした上生菓子。抹茶とのセットで1300円
2.たっぷりの餡を挟み込んだ可麻久良最中270円(1個)
3.きめ細かな生地が特徴の鎌倉どらやき270円(1個)
4.玄関を入ると色とりどりの菓子が並ぶ
5.和の情緒あふれる落ち着いた店内

散策途中に食べるのもおすすめ
愛しのベーカリー

風にのって運ばれてくる香ばしいパンの香り。
厳選した素材で、手間ひまかけて作る…。
そんな鎌倉の風土が紡ぐパンに顔もほころぶ。

◐食物繊維たっぷりのふすまあんぱん200円

◐中に太いチーズが入ったチーズパン350円(大)

◐しっとりとした食感のバゲット340円

◐茶葉とホワイトチョコを練り込んだティーブラン350円

◐一番人気のキャラメル・ショコラ280円

◐自家炊きクリームを使ったソイ・クリームぱん260円

◐カレンツとナッツがぎっしりの食パン600円(半斤)

◐やさしい甘みのふすまはちみつパン180円

◐チーズを入れて焼き上げたフロマージュ330円

◐ワイン漬けのフィグとクルミ入り560円

香り高いパンに魅了される
KIBIYA BAKERY
キビヤ ベーカリー

御成町 **MAP** 付録P.8 B-4

自家製酵母と無農薬国産小麦、石臼挽き全粒粉、ライ麦粉、天塩と浄水のみで作るパン。ざっくりとした食感や独特の酸味が味わい深いパンはクセになるおいしさ。

☎0467-22-1862 所鎌倉市御成町5-34 営10:00〜17:00 休水曜 交JR鎌倉駅から徒歩5分 Pなし

地元客に愛されるパン店
La foret et la table
ラ フォレ エ ラ ターブル

由比ヶ浜 **MAP** 付録P.13 E-2

店内は地元のお客さんでいつも賑やか。惣菜パンや菓子パンにはチーズやドライフルーツなどの具がたっぷり。バゲットなどのハード系パンも人気があるので、早めに訪れたい。

☎0467-24-5222 所鎌倉市由比ガ浜1-3-16 コンフォート由比ヶ浜1-A 営10:00〜売り切れ次第終了 休月・火曜 交江ノ電・鎌倉駅から徒歩7分 Pなし

体にやさしいオーガニックパン
Boulangerie Lumière du b
ブーランジュリ リュミエール ドゥ ベー

由比ヶ浜 **MAP** 付録P.12 C-3

由比ヶ浜海岸の近くに移転。毎日、玄麦を石臼で自家製粉し、挽きたての小麦粉を使用。餡やクリームなどの具も厳選した素材で自らの手でていねいに作っている。

☎0467-81-3672 所鎌倉市長谷2-7-11 1F 営11:00〜18:00 休月・火曜 交江ノ電・由比ヶ浜から徒歩5分 Pなし

↑常時20種類ほどの香り高いパンが並ぶ

↑ハード系から惣菜パンまで豊富に揃う

↑ちょこっとずつ並ぶさまがかわいらしい

買う

❖

大好きな鎌倉で店を続ける店主たちが
店に並べる品々は妥協のない、
こだわり抜いたものばかり。
ときにマニアックすぎる品も
あるけれど、そこはご愛敬。
鎌倉らしさを感じるなら、
マーケットもおすすめ。

鎌倉暮らしに
憧れてしまう
ちょっといい店

近隣の農家が4つのグループに分かれ、日替わりで販売している

鎌倉の暮らしに憧れて訪れる

SNSに出品する野菜を載せている農家も。HPをチェック

マーケットでお買い物

鎌倉らしいやさしい雰囲気に包まれた市場は、リピーターにも人気のスポット。
「観光みやげ」に野菜や鮮魚はいかがですか。

鎌倉市農協連即売所

かまくらしのうきょうれんそくばいじょ

若宮大路周辺 **MAP** 付録P.8 C-4

昭和3年(1928)に発足。地元の人々に「レンバイ」の呼び名で親しまれ、農家が手塩にかけた新鮮な野菜を手ごろな価格で直接購入できると評判。近所のシェフたちも毎朝、早めに顔を出し、食材を仕入れていく。買い手の多い野菜は午前中のうちに売り切れることも。

🏠鎌倉市小町1-13-10 ⏰8:00頃〜売り切れ次第終了 休無休 🚃JR鎌倉駅から徒歩5分 Pなし

採れたての鎌倉野菜が揃う

旬野菜のほか、カラーピーマンや黄ズッキーニなど彩り豊かな西洋野菜やハーブも並ぶ。作り手が自慢の野菜を並べ、おしゃべりを交わしながら買い物する様子はマルシェのよう

鎌倉駅からすぐの若宮大路沿いにあり、アクセスも簡単

市場ではこちらにも立ち寄りたい

市場の販売スペースとは別にある、気になるショップ。個性豊かで、街の人気者です。

市場のケーキ屋さん

鎌倉しふぉん
かまくらしふぉん

国産小麦と厳選した素材を使用し卵のみでていねいに焼き上げるシフォンケーキの専門店。フワフワで軽やかな食感が人気。

☎0467-23-1833 営10:00～17:30（売り切れ次第閉店）休月曜

🍰1つ330円。日替わりでチョコレート、プレーン、ロイヤルミルクティーなど約8種類

個性豊かなパンが並ぶ

PARADISE ALLEY
BREAD&CO.
パラダイス アレイ ブレッドアンドカンパニー

自家培養の酵母を使ったパンはモチモチで弾力があり、味わい深い。ランチは店内で焼きたてパンと鎌倉野菜が楽しめる。

営9:00（変更の場合あり）～なくなり次第終了
休不定休

🍞イラストが描かれたリュスティックは220円（100g）、あんぱん300円

店先でちょっと一杯

秀吉
ひでよし

新鮮な鶏肉を使用し「冷めてもおいしい」と評判の焼鳥。持ち帰りのほか、店先にあるテーブルでお酒とともに焼鳥を味わうことができる。

☎0476-24-1616 営11:00（焼き始め）～20:30
休火曜、ほか水曜不定休

🍢🍢ネギ間178円、もも肉178円、はつ160円。タレで煮込んだ秀吉たまご165円もおすすめ

137

七里ケ浜 フリーマーケット

しちりがはまフリーマーケット

海辺で出会う掘り出し物

七里ヶ浜 **MAP** 付録P.18 C-4

洋服や雑貨、ハンドメイドアクセサリーから野菜など、ジャンルを問わずあらゆるものが幅広く出店されている。天気の良い日には、海の向こうに富士山を望む浜辺のロケーションも心地よく、地元の人たちや観光客で賑わう。早めに訪れて掘り出し物に出会いたい。

☎080-9667-6567(開催日のみ対応)
㊒鎌倉市七里ガ浜東2-1七里ヶ浜海岸東駐車場 ㊡第2・4土曜、日曜(1〜3月は日曜のみ、8月は(休)7:00〜15:00 ※HPを要確認 ◎江ノ電・七里ヶ浜駅から徒歩7分 ㊓あり

海に近い土地柄もあり、サーフ系ブランドの洋服などが安く手に入ることも。輸入雑貨やアクセサリーなどが並ぶ雑貨店のような品揃えには、思わず足が止まってしまう

観光客のぐっと増える午後の混雑を見越して朝から早めに来る人も

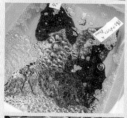

↑伊勢エビや、ホラ貝、サザエも地元で獲れたもの。氷詰めされたサバや水槽に入れられた活ヒラメなど多彩

↑漁師の威勢のいいかけ声が響く

鎌倉の朝市

かまくらのあさいち

早い者勝ちの魚と野菜

稲村ヶ崎周辺 **MAP** 付録P.19 F-3

鎌倉パークホテル玄関前で開催される朝市。会場には朝獲れた魚介がずらりと並ぶほか、地野菜なども販売される。営業前から長蛇の列ができるが、順序よく購入することができる。ただし、人気の魚はすぐに売り切れるので、早めに訪れたい。

☎0467-22-3403(湘南漁業協同組合 鎌倉支所)
㊒鎌倉市坂ノ下32-13 ㊡第1日曜10:00〜売り切れ次第終了(1〜3月、8・9月除く) ◎江ノ電・長谷駅から徒歩10分 ㊓あり

日常使いができる、掘り出し物を探す
アンティークのある暮らし

カトラリーやグラス、漆器や陶器、美しい仕事が光る古道具たち。
凛とした強さやぬくもりを感じる本物の魅力にふれながら
自分だけの逸品探し。

開放感ある二間続きの部屋にはゆったり
と古道具が並べられている

R antiques
アール アンティークス

稲村ヶ崎 **MAP** 付録P.19 D-4

築100年の古民家で出会う

昭和初期の和家具が展示される一
軒家の骨董店。まるでおばあちゃ
んの家に来たかのような懐かしさ
があり、骨董品が息を吹き返す空
間でお気に入りを見つけたい。

☎0467-23-6172 ㊟鎌倉市稲村ガ崎3-7-
14 ㊐12:00〜17:00 ㊡月・火曜 ㊥江
ノ電・稲村ヶ崎駅から徒歩5分 ㋟なし

1.昭和20〜30年頃のもの。8000円台からと手ごろな価格 2.籐で作られた寝椅子。軋む音がまた味わい深い
3.入口脇に鎮座している昭和40年代頃の石炭ストーブ 4.家ですぐに使えるように手入れがされている

アンティーク・ユー

由比ヶ浜 **MAP** 付録P.13 E-2

宝物探し気分でゆっくりと

1900年代の西洋骨董を中心に、
江戸時代の和骨董などを豊富に
取り揃えている。日本やイギリス
のランプシェードはインテリアの
アクセントとして人気がある。

☎0467-22-9556 ㊟鎌倉市由比ガ浜
3-1-27 ㊐11:00〜19:00 ㊡火曜 ㊥
江ノ電・和田塚駅から徒歩2分 ㋟なし

1.店先に並ぶ1930年代頃のボビン200円(1本) 2.インテリアや裁縫に使
える端切れ300円(1袋) 3.空間のアクセントになるオイルランプ 4.和洋
のほかに中国の明の時代の器なども

自分用にも購入したい老舗の味、海辺の味
こだわり味みやげ

昔ながらの伝統製法が人気の秘訣。
定番の鎌倉みやげには、時代を超えて親しまれる理由がある。

時代を超え愛され続ける伝統製法で作られたハム
鎌倉ハム富岡商会 小町本店
かまくらハムとみおかしょうかいこまちほんてん
小町通り周辺 **MAP** 本書P.42

歴史あるハムの老舗。明治33年(1900)の創業から現在まで、鎌倉の地で当時の技術を受け継ぎ、伝統製法を守り続けている。ハムのほかにも、ソーセージや角煮など種類豊富に揃うので、おみやげや贈り物にもおすすめ。

☎0467-25-1864 　市鎌倉市小町2-2-19相模屋ビル1F 　営10:00〜18:00 　休水曜 　交JR鎌倉駅から徒歩3分 　Pなし

↑約50種類の商品が並ぶ店内。店舗限定の品もある

熟成布巻きロースハム
2週間、手間ひまかけて作られるロースハムは、ほどよい塩気としっとりとした上品な味わい。6480円

熟ベーポテトコロッケ＆熟ももクリームコロッケ
熟成ベーコン、熟ももハムをたっぷり入れた、テイクアウトに人気のコロッケ。350円

魚本来の旨みを凝縮した肉厚で上品な老舗のかまぼこ
鎌倉 井上蒲鉾店 本店
かまくらいのうえかまぼこてん ほんてん
由比ヶ浜 **MAP** 付録P.13 E-2

昭和6年(1931)創業。毎朝厳選して仕入れた白身魚を使い、化学調味料などを加えずに職人がていねいに作っている。どれもしっかりとした歯ごたえで、魚本来の旨みが凝縮された上品な味が人気。鎌倉周辺に約4店舗がある。

☎0467-22-1133 　市鎌倉市由比ガ浜1-12-7 　営8:30〜18:30 　休水曜 　交江ノ電・和田塚駅から徒歩3分 　Pあり

↑20種類ほどの商品。季節限定の品もある

小判揚(左)
純正ゴマ油の香ばしい香りと肉厚でしっかりとした歯ごたえが特徴的な小判揚。150円

梅花はんぺん(右)
やわらかく彩り豊かな梅花はんぺん。185円

こだわりの製法を受け継ぐ
良質干物をお手ごろ価格で
山安 鎌倉店
やまやす かまくらてん

小町通り周辺 **MAP** 本書P.43

近海ものから遠海ものまで約170種類取り揃えられた干物は、どれも肉厚で透明感と自然なつやがある。天日塩、箱根丹沢山系名水を使用し江戸時代からの伝統的な製法で作られており、地元客、観光客ともに定評がある。鎌倉名物のしらすも充実している（漁模様による）。

☎0467-61-1137 所鎌倉市雪ノ下2-3-26 営10:00〜17:30 休無休 交JR鎌倉駅から徒歩10分 Pなし

➡広々とした店内はいつも賑わっている

➡冷凍のためそのまま持ち帰りできる

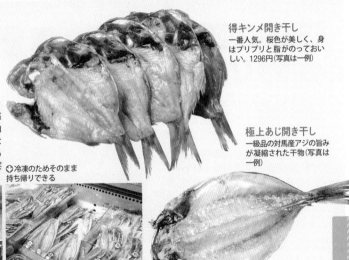

得キンメ開き干し
一番人気。桜色が美しく、身はプリプリと脂がのっておいしい。1296円(写真は一例)

極上あじ開き干し
一級品の対馬産アジの旨みが凝縮された干物(写真は一例)

試食してから選べる
種類豊富な漬物がずらり
味くら 小町通り店
みくらこまちどおりてん

小町通り周辺 **MAP** 本書P.42

塩分や合成保存料・着色料の使用を控え、素材の味を引き出した漬物が自慢。浅漬け、古漬け、梅干しなど約50種類が並び、ほとんどが試食可能だ。「赤ワインらっきょう」など珍しい商品もある。

☎0467-22-6835 所鎌倉市小町2-8-36 営10:30〜18:00 休不定休 交JR鎌倉駅から徒歩3分 Pなし

➡手ごろな価格もうれしい

大葉大根
大根を何度も漬け替え、素材の旨みが楽しめるあっさり味の漬物。550円

ピリ辛蓮根
国産蓮根をオリジナルの方法で漬け込んだ漬物。シャキシャキの蓮根とゴマが相性抜群。500円

店主こだわりの世界へようこそ

かわいい雑貨に出会う

ゆったりとした鎌倉の雰囲気に似合う雑貨たち。
手作りの温かみや素材感が味わい深く、
毎日の暮らしを心地よく演出してくれる。

買う●鎌倉みやげ

ちょっとレトロな雰囲気が
心をくすぐる文具・雑貨店

鎌倉・文具と雑貨の店 コトリ

かまくら・ぶんぐとざっかのみせ コトリ

大町 **MAP** 付録P.14 C-1

思わず誰かにあげたくなるような、ユニークでかわいらしいセレクト雑貨やオリジナル雑貨を販売。実際に使用できる郵便切手や、鎌倉ならではの大仏モチーフのグッズも扱う。

☎0467-40-4913 住鎌倉市大町2-1-11 営11:00〜18:00 休月曜、ほか不定休 交JR鎌倉駅から徒歩7分 Pなし

↑ユニークなアイデアにあふれた文具の数々。棚のすみずみまで眺めていたくなる豊富な品揃え

↱「ほんの気持ち」をあげたいときに使える包装袋、コレアゲール5枚入り396円

↱おくすり手帳385円。シンプルながら温かみのあるイラストが人気

↱クラフト感がかわいい、マスキングテープ コトリ550円

↱やさしい肌ざわりのウェアや作家物のアクセサリーが並ぶ

↱アンティークターコイズのドロップ型ピアス1800円

作り手の思いが込もった
個性を発揮する一点もの

異文化の風 さかゑ

いぶんかのかぜ さかゑ

御成町 **MAP** 付録P.7 F-4

店内に並ぶのは、作家の個性と熱意が伝わる手作り雑貨。サンゴを屋久杉に埋め込んだネックレスなど、それぞれの素材を巧みに生かした作品が揃う。オリジナルのバッグや洋服なども充実。

☎0467-23-5573 住鎌倉市御成町13-12-102 営10:00〜18:00 休木曜、第2金曜 交JR鎌倉駅から徒歩3分 Pなし

↱Aラインでやさしい着心地のコットンガーゼブラウス3600円

↱4種類のビーズが編み込まれた2連ブレスレット2000円

廃材に新たな命を吹き込み
表情豊かな作品を生み出す

HAND & SOUL
ハンド & ソウル

佐助 **MAP** 付録P.7 D-2

朽ちかけた流木や、波に洗われて丸くなった小石、古布の端切れ…。そんな廃物を利用した独創的な作品が並ぶ。長い歳月が育んだ自然の造形美と、手作りのぬくもりに心奪われる。

☎0467-23-0530 所鎌倉市佐助2-15-12
⏰11:00〜18:00 休月〜木曜 交JR鎌倉駅から徒歩15分 Pなし

↳銭洗弁財天にほど近い崖の下にたたずむ

↱イラストレーターの内藤三重子氏が作った人形5000円

↰アーティストの夫婦が営んでいるアトリエショップ

↰1930〜50年代にアメリカで使われていた穀物袋の布で作ったポシェットネックレス2500円〜

↱ハンドウォーブントップクオリティバスタオル1万6280円。モロッコの職人が手作業で作り上げたコットンタオル

↳ロック＆ソウルチェーンネックレス Silver 2万680円。丸みのある長方形を連ねたミニマルなデザイン

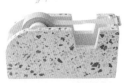

↳モザイクタイルのようにたくさんの色がちりばめられたテープディスペンサー 5280円

↰洗練された空間でゆったりと買い物を

暮らしに心地よくなじむ
普段使いのシンプルな品々

MAR
マル

由比ヶ浜 **MAP** 付録P.13 F-2

ウールやアルバカ、カシミヤやリネンなど素材の良さを感じる、流行にとらわれない服や長く使えるアイテムを扱うセレクトショップ。ていねいに作られた小物にも注目。

☎0467-24-6108 所鎌倉市由比ガ浜2-5-1 ⏰11:00〜18:00 休無休 交JR鎌倉駅から徒歩6分 Pなし

↱ボタニカルキャンドル Midnight6380円。100%天然素材にこだわり、ラベンダーやローズなどを全5種をブレンド

子ども時代を彷彿させる
昔懐かしい日用雑貨

フニクラ

若宮大路周辺 **MAP** 付録P.8 C-3

路地裏の丸七商店街にあり、店内にはノスタルジックな日用品がずらり。昔、実家の台所にあったような食器や鍋、買い物かご、アクセサリーなど品揃え豊富だ。レトロな輸入雑貨も。

所鎌倉市小町1-3-4 ⏰12:00〜18:00（変更の場合あり）休木曜と隔週火曜
交JR鎌倉駅から徒歩2分 Pなし

↱子どもの頃を思い出すアルマイトの弁当箱

↰昭和の雰囲気を感じさせる花柄のガラスコップ

↳クラシカルなストールピン

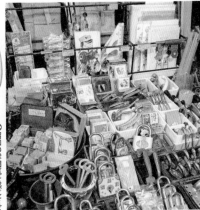

↰かわいい文具やアンティークの鍵なども並んでいる

かわいい雑貨に出会う

143

伝統に育まれた美しい機能
とっておきの民芸·工芸品

熟練職人の手仕事が織りなす品々は、
実用的ながら美しく、シンプルなのに表情豊か。

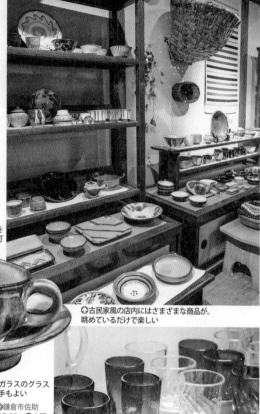

↷ヘラで付ける削り文様
が特徴的な小鹿田焼八寸
トビカンナ皿3960円

↷温かみと力強さを
感じる北窯三彩点打
コーヒー碗皿4840円

↷古民家風の店内にはさまざまな商品が。
眺めているだけで楽しい

買う ● 鎌倉みやげ

ずっと使い続けたい
手になじむ器を探して

もやい工藝
もやいこうげい

佐助 **MAP** 付録P.7 D-3

国内約30窯の陶器と全国の良質な手仕
事の品を手ごろな価格で購入できる。
作られた土地の伝統や自然を感じさせ
てくれる器は、それぞれデザインは異
なるが、どれも味わい深い品ばかり。
普段使いにもうってつけの作品だ。

↷青が印象的な沖縄ガラスのグラス
はシンプルで使い勝手もよい

☎0467-22-1822 ⓐ鎌倉市佐助
2-1-10 ⓣ10:00～17:00 ⓗ火曜
(祝日の場合は営業) ⓔJR鎌倉駅
から徒歩12分 ⓟなし

手仕事の品が持つ
「ものがたり」に耳を傾けて

暮らしのもの十和
くらしのものとわ

長谷 **MAP** 付録P.12 C-3

海や風情ある寺社にほど近い長谷
の裏路地に位置。店主自らが国内
の作り手を訪ねて出会った、「使い
心地のいい、味わいある暮らしの
道具」が並ぶ。陶器やガラス、真
鍮、木の雑貨も揃う。

☎0467-95-3282 ⓐ鎌倉市長谷2-12-17
長谷壱番館1F ⓣ12:00～18:00(土・日曜、
祝日11:00～) ⓗ月・木曜 ⓔ江ノ電・長
谷駅から徒歩1分 ⓟなし
↷素敵な出会いにあふれている店内

↷しっかりしたつくりで美
しく、ていねいな編み目の
茶こし(銅・小)3960円

↷表情のある色合いとぬくも
りが魅力のマグカップ4510円

↷こども花瓶990円は色も豊富
でおみやげとしても人気の商品

144

鎌倉時代から続く、伝統工芸品
鎌倉彫に心を寄せる

800年以上にわたり、脈々と受け継がれてきた伝統の技。
陰影のある彫りや漆塗りが、気品ある風合いを生み出す。

鎌倉彫って、どんなもの？
桂やイチョウなどの木に彫刻を施し、漆を塗って仕上げた鎌倉の工芸品のこと。鎌倉時代に禅寺の仏具として作られ始め、茶道具、日用品へと発展してきた。国の伝統的工芸品に指定されている。

種類豊富な鎌倉彫を揃える
吾妻屋
あづまや

若宮大路周辺 MAP 本書P.43

ガラス張りの明るく広々とした店内には、箸や根付といった実用的な小物から高級品にいたるまで、約300種類もの鎌倉彫を陳列。品質にも定評があり、注文も可能だ。

☎0467-23-8770 ㊟鎌倉市雪ノ下1-12-11 ㊠10:00～17:00 ㊡不定休
㊞JR鎌倉駅から徒歩10分 ㊅なし

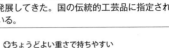
↑ちょうどよい重さで持ちやすい
箸2000円はずっと使い続けたい

←伝統的なものから現代風のデザインまで、多種多様な鎌倉彫がある

↑機能性があり繊細な模様が美しい
桃皿(8寸)笹 1万6500円

使い込むほどに味わいが増す
博古堂
はっこどう

若宮大路周辺 MAP 本書P.43

鎌倉彫宗家、後藤流の特徴は寺社彫刻を思わせる力強い彫りと伝統を踏まえながらも大胆でモダンなデザイン。ものの質感や空気までも感じさせる洗練された技が光る。

☎0467-22-2429 ㊟鎌倉市雪ノ下2-1-28 ㊠9:30～18:00(11～2月は～17:30) ㊡無休
㊞JR鎌倉駅から徒歩10分 ㊅あり

←目を引く美しさと機能性を兼ね備えた菓子器「柘榴」7万円

↓落ち着いた美術館のような店内

↓小鏡「月」1万9000円。古典的でありながら、モダンなデザイン

ショーケースを華やかに彩るトキメキの甘味
古都の人気スイーツたち

鎌倉は、知る人ぞ知るスイーツの激戦区。長年愛される老舗のケーキから新商品まで、魅惑的な洋菓子の数々に目移りしそう。

パトリ オランジュ
さわやかなオレンジムースとショコラクリームの絶妙なハーモニー。660円

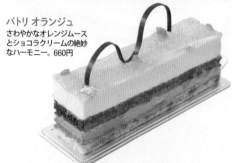

にしかまプリン
口に入れた瞬間、さっと溶ける、創業当時からのロングセラー。453円

メープルプリン
メープルの味と香りがふわりと広がり、トロトロの口当たりがたまらない。518円

買う ● 鎌倉みやげ

タルト ショコラ
チョコレート好きにおすすめで、カカオ70%のなめらかなショコラ。インパクトのある正方形のタルト。635円

色彩と風味が美を放つ

なめらかな口どけに感動

レ・シュー
パイ生地でシュー生地を包み、サクサクに焼き上げたシュークリーム。432円

↑マカロンは生地に最高品質ののアーモンドを使い、個性豊かな8種類のフレーバーのガナッシュが楽しめる。315円〜

Grandir Ensemble
グランディール アンサンブル

由比ヶ浜 **MAP** 付録P.13 F-2

パリやウィーン、丸の内でお菓子づくりの経験を積んだ門脇氏がオーナーパティシエ。スペシャリテのマカロンをはじめ、美しさだけではなく、素材の味わいがしっかり感じられる上質なものばかり。

☎0467-38-5725 　所鎌倉市由比ガ浜1-1-30 ブリーゼ由比ガ浜101 　営10:00〜19:00 　休月・火曜不定休 　交JR鎌倉駅から徒歩5分 　Pなし

↑アートのようなお菓子が並ぶ

湘南・西鎌倉レ・シュー
しょうなん・にしかまくらレ・シュー

西鎌倉 **MAP** 本書P.2 B-3

世の中になめらかプリンを広めた店として有名。濃厚でクリーミーなプリンを求めて、遠方から訪れる客も多い。旬素材を生かしたケーキや、花かごに入った焼き菓子も評判。一部アントルメは予約が必要。

☎0467-31-5288 　所鎌倉市西鎌倉1-1-10 　営10:00〜18:00 　休水曜、第2・4火曜 　交湘南モノレール・西鎌倉駅から徒歩5分 　Pあり

↑装飾にこだわりのある店内

146

ザッハトルテ
スイス最高峰のチョコレートと、さわやかなアンズジャムの酸味が絶妙。650円

ドゥーブル ティラミス
マスカルポーネチーズとチョコレートのティラミス。コーヒーシロップの層がアクセント。630円

ドイツ伝統のケーキに注目

⇧定番から季節商品まで、15～20種類のケーキが並ぶ

パティスリーMIWA

パティスリーミワ

由比ヶ浜 MAP 付録P.13 E-2

鎌倉の名店で長年グランシェフを務めた三輪シェフの店。ドイツやフランスの伝統菓子をはじめ、どこか懐かしさを感じさせる生菓子が揃う。農園直送の果実を生かした期間限定のケーキも登場する。

☎0467-84-7727 所鎌倉市由比ガ浜1-10-10 営10:00～18:00 休火曜 交江ノ電・和田塚駅から徒歩3分 Pなし

⇧ケーキ作り教室も開催している

⇧定番ケーキのほか、果実たっぷりのタルトも人気

焼き菓子はギフトにも最適

プティ・フール・サレ
フランスのゲランド塩を使い、ハーブやチーズ、トマトなどを素材とした塩味クッキー。2376円

KAMAKURA パイサブレ
イチョウ葉エキスを配合し、わずかな塩味でバランスを整えた、初めて食べてもどこか懐かしく、体にもやさしいサブレ。1134円(1箱8個入り)

レ・ザンジュ鎌倉本店

レ・ザンジュかまくらほんてん

御成町 MAP 付録P.7 F-4

昭和57年(1982)創業。洗練された生菓子や焼き菓子が揃い、なかでも塩味クッキーはワインとよく合う大人の味で人気。店内には喫茶スペースが備わり、庭を眺めながら紅茶やケーキが味わえる。

☎0467-23-3636 所鎌倉市御成町13-35 営10:00～18:00(喫茶は～16:30LO) 休無休 交JR鎌倉駅から徒歩3分 Pなし

⇧南仏ニースの別荘をイメージ

老舗の和菓子

禅宗とともに茶の湯文化が伝わった鎌倉。茶人や地域に
愛され続ける門前の味を古都散策の思い出に持ち帰りたい。

フワフワの絶品どら焼き
鎌倉 するがや 長谷駅前店
かまくら するがや はせえきまえてん

長谷 **MAP** 付録P.12 B-3
老舗和菓子店のどら焼き専門店。熟
練の職人が1枚ずつ焼き上げるふん
わり食感の生地と、北海道産の小豆
を使ったこだわりの餡が相性抜群。

☎0467-22-8755 所鎌倉市
長谷2-14-11 営11:00～17:
00 休水曜 交江ノ電・長谷
駅から徒歩1分 Pなし

職人が丹念に作る老舗の味
力餅家
ちからもちや

長谷 **MAP** 付録P.12 B-4
元禄年間(1688～1704)創業の和菓
子店。名物はつきたての餅を餡で
くるんだ力餅。福面饅頭180円(1
個)も隠れた人気商品。

☎0467-22-0513 所鎌倉市坂
ノ下18-18 営9:00～18:00
休水曜、第3火曜 交江ノ電・
長谷駅から徒歩5分 Pなし

繊細な味わいの上生菓子
上生御菓子処 美鈴
じょうなまおかしどころ みすず

若宮大路周辺 **MAP** 付録P.9 E-2
季節に合わせて作られる菓子は上
品で美しく鎌倉茶人の御用達。持
ち帰りのみで、季節の御菓子、上
生菓子のほか、本練羊羹も人気だ。

☎0467-25-0364 所鎌倉市
小町3-3-13 営9:00～17:
00 休火曜 交JR鎌倉駅か
ら徒歩12分 Pなし

北鎌倉を代表する名店
北鎌倉 松花堂
きたかまくら しょうかどう

北鎌倉 **MAP** 付録P.4 B-1
江戸時代に尾張徳川家に献上され
たあがり羊羹を継承する。期間限
定の蒸し菓子のほか、菊もなかも
評判。定番の銘菓を鎌倉みやげに。

☎0467-22-6756 所鎌倉市
山ノ内1340 営9:00～16:00
休月曜 交JR北鎌倉駅から
徒歩3分 Pあり

鎌倉の風情あふれる和菓子店
和菓子 大くに
わがし おおくに

大町 **MAP** 付録P.14 C-1
地元の人々に愛される和菓子店。
季節の上生菓子や豆大福など種類
が豊富。どれもおいしそうで目移
りしてしまう。

☎0467-22-1899 所鎌倉市
大町2-2-10 営9:00～18:
00 休月曜 交JR鎌倉駅か
ら徒歩10分 Pあり

い **栗どら焼き**
食べ頃のやわらかい大ぶりの栗を蜜
漬けにし、まるまる1個、挟み込ん
だ人気商品。320円(1個)

ほ **豆大福**
上品な甘さの餡を厚めの
餅でくるんだ大福。塩の
効いた豆がアクセントに
なっている。140円(1個)

ほ **こづち最中**
うるち米で作った皮の中
にじっくり炊いた餡がぎ
っしり。栗が入った白餡と
2種類。190円(1個)

ほ **麩饅頭**
こし餡を生麩の生地に包ん
だもちもちのまんじゅう。
包みの笹と青のりの香り、
ふわっとした食感がやみつ
きになる。200円 (1個)

買う●鎌倉みやげ

[い] どら焼きソフト
ほどよい甘さのソフトクリームと餡、どら焼きの皮が絶妙。食べ歩きにぴったり！460円（1個）。冬期は取り扱いなし

[い] 大納言どら焼き
風味のよいつぶ餡を存分に味わえるプレーンタイプ。店頭で焼きたてが食べられることも。260円（1個）

[ろ] あがり羊羹
プルンとした弾力と、さらりとした舌ざわりが独特。餡の澄んだおいしさが口いっぱいに広がる。1512円（1本）

[ろ] 餅の力餅
歯ごたえと粘りのある餅入り。春先には草餅の力餅も登場する。賞味期限は当日。750円（10個）

[に] 栗入り小鹿
小豆の蒸しカステラ風の生地に栗が入った蒸し菓子。9月下旬から5月までの限定販売。1200円（1本）

[ろ] 求肥の力餅
求肥を芯にした力餅。当日食べるなら「餅の力餅」を、翌日以降、食べるならこちらを。1000円（9個）

[は] 季節の御菓子
1月は雪中の梅、2月はをさの音、3月はわらび餅。月ごとに内容・価格が変わる四季折々の菓子

[は] 上生菓子
しっとりもっちりとした舌ざわりが特徴の見た目も麗しい上生菓子。前日までの予約が望ましい。2100円（1箱6個入り）

老舗の和菓子

149

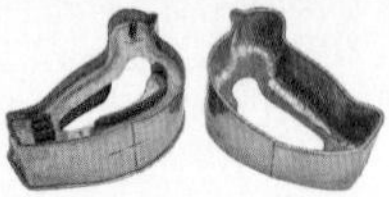

⊙創業当時の抜き型。当時から現在まで鳩の形は変わっていない

鳩サブレーの秘密に迫る

豊島屋のものがたり

鳩サブレーの歴史と鎌倉の季節を表す和菓子から見えてくる、老舗豊島屋と古都鎌倉に流れる時間。

豊島屋を代表するお菓子 鳩サブレーの誕生

鎌倉の味と愛されている鳩サブレーは明治30年(1897)頃、西洋のビスケットの味に感動した初代・久保田久次郎の試行錯誤の末に誕生。外国の文化が世に浸透する前の時代、海外との交流が進んでいた横浜まで行かないと手に入らないほど珍しかったバターを使った焼き菓子が始まり。「鳩サブレー」と名付けられた新しいお菓子を、初代は語呂合わせで「鳩三郎」と愛情を込めて呼んだ。西洋の味になじみのない庶民がそのハイカラな味を受け入れるまでには時間がかかったが、「子どもたちの喜ぶお菓子を作りたい」という初代の思いは、時を超え現在に引き継がれている。

鳩サブレー
明治時代に誕生して以来、鎌倉みやげの定番。4枚入り615円～

小鳩豆楽
ころんとした形でやさしい味わいの落雁。15粒入り540円～

あぶらとり紙
ミラーの付いたケースは名刺入れ風。81枚入り900円

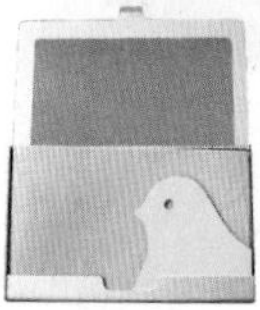

鳩兵衛break れたーレターセット810円。鳩の形の便箋は、服の着せ替えができる

銀の鳩
ピンクサファイアの目がポイント。巾着袋付き4000円

季節の和菓子で感じる 鎌倉の四季の移ろい

豊島屋は、焼き菓子だけでなく鎌倉の春夏秋冬を表現した上生菓子などの和菓子も多数取り揃えている。毎月6種類ずつ、その月をイメージした上生菓子が作られており、月替わりで新しいラインナップを楽しめる。和菓子の味わいとともに、鎌倉の情緒豊かな季節の移り変わりを感じたい。

春
桃の節句のお祝いに合わせて。菱餅324円

夏
お寺の境内に咲くアジサイをイメージ。八仙花(はっせんか)324円

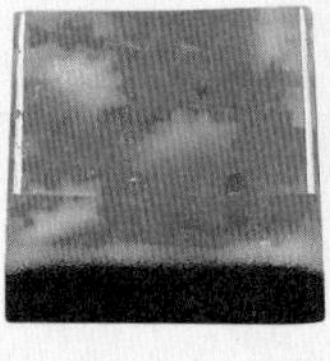

秋
散るモミジが水面に浮かんでいるよう。惜秋(せきしゅう)324円

冬
鶴岡八幡宮のぼたん園は冬の風物詩。寒牡丹324円

※製造の一例

左側縦書き: 買う●鎌倉みやげ

段葛を見守り続けて120年
豊島屋 本店
としまやほんてん

若宮大路周辺 **MAP** 本書P.41

鎌倉みやげの代名詞ともいえる鳩サブレーや、本店でしか取り扱いのない鳩グッズにも注目。

☎0467-25-0810 ㊟鎌倉市小町2-11-19 ㋐9:00～19:00 ㋡水曜(不定期) ㋛JR鎌倉駅から徒歩5分 Ｐなし

四季折々の和菓子を味わう
豊島屋菓寮 八十小路
としまやりょう はとこうじ

若宮大路周辺 **MAP** 本書P.41

豊島屋本店の裏路地にある甘味処。季節の和菓子が味わえるほか、数量限定の赤飯御膳、しらす御膳も人気。

☎0467-24-0810 ㊟鎌倉市小町2-9-20 ㋐10:30～17:00(季節により異なる) ㋡水曜(祝日の場合は営業) ㋛JR鎌倉駅から徒歩5分 Ｐなし

アクセスと市内交通

江ノ電や
モノレールなど
乗り物も楽しい

渋滞さえ注意すれば、
海沿いは極上のドライブコース。
市内での移動は徒歩が中心だが、
江ノ電をはじめ、モノレール、
バスやタクシーを利用して巡りたい。

古都を訪ねるベストな手段を知ろう

鎌倉へのアクセス

鎌倉は首都圏から近く、アクセスが簡単なのも魅力。渋滞が発生しやすいエリアなので、鉄道でのアクセスがおすすめだが、車を駐車して市内観光ができるサービスもあるので、旅のプランに合わせて選択しよう。

鉄道でのアクセス

アクセス良好、渋滞知らずな鉄道が便利

　まずは観光の拠点となるJR横須賀線の鎌倉駅、北鎌倉駅を目指す。横須賀線に直通運転をしている列車がある湘南新宿ライン(新宿駅や大宮駅方面)や総武快速線(千葉駅方面)の駅からは乗り換えなしで鎌倉駅へ行くことができる。東海道線直通(小田原方面行き)の湘南新宿ラインは戸塚駅や大船駅などで横須賀線への乗り換えが必要となる。

　鎌倉駅を経ずに江の島へ向かう場合は、新宿駅から小田急線で片瀬江ノ島駅に向かうのがおすすめ。観光に便利な各種特典付きのお得なフリーきっぷもあるので、事前に調べておきたい(P.153)。

●問い合わせ先
JR東日本お問い合わせセンター
　●列車時刻、運賃、料金、空席情報 ‥‥‥‥ ☎050-2016-1600
　●忘れ物に関して ‥‥‥‥‥‥‥‥‥‥‥‥ ☎050-2016-1601
小田急お客さまセンター ‥‥‥‥‥‥‥‥‥‥ ☎044-299-8200
東急お客さまセンター ‥‥‥‥‥‥‥‥‥‥‥ ☎03-3477-0109

主要駅からのアクセス

出発駅	経路	到着
新宿駅	JR湘南新宿ライン(横須賀線直通) 1時間/950円	鎌倉駅
新宿駅	小田急線快速急行 → 藤沢駅 → 小田急江ノ島線 → 片瀬江ノ島駅 1時間10分/650円 ※新宿駅〜藤沢駅間の相模大野駅または町田駅で乗り換えの場合あり	
東京駅	JR横須賀線 1時間/950円 ※JR東海道本線利用の際は戸塚駅などでJR横須賀線に乗り換え (1時間/950円)	鎌倉駅
渋谷駅	東急東横線特急 26分/310円 → 横浜駅 → JR横須賀線 24分/360円	鎌倉駅
小田原駅	JR東海道本線 → 大船駅 → JR横須賀線 55分/770円	鎌倉駅

※所要時間はおおよその目安表記
※料金は通常期の片道料金を掲載

アクセスと市内交通

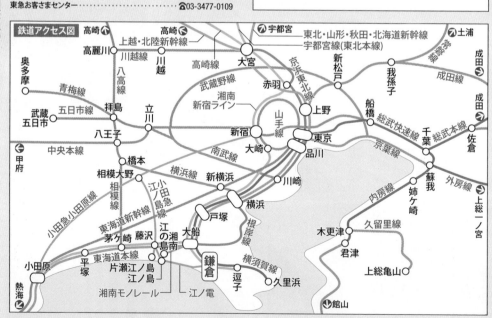

鉄道アクセス図

152

江ノ島～大船駅間の移動をスムーズに
湘南モノレール

大船駅と湘南江の島駅を結ぶ。早朝、深夜以外は7～8分間隔で運行しており、待ち時間が少ないのもうれしい。鎌倉山へのアクセスに便利。また、江の島観光後、大船駅まで行き、JRを利用する際にも重宝する交通手段だ。

●問い合わせ先
湘南モノレール 総務部総務課 ・・・・・・・・・・・ ☎0467-45-3181
湘南モノレール 大船駅 ・・・・・・・・・・・・・・・・・ ☎0467-45-0135

鎌倉観光にお得なフリーきっぷ
電車やバスの乗り降りが自由になるフリーきっぷが便利。目的に合ったものを選ぼう。

バスを使っての市内観光に
●鎌倉フリー環境手形
市内の主要観光スポットへアクセス可能な5つの路線バスと江ノ電の鎌倉駅～長谷駅間が乗り降り自由。観光施設の入館料や拝観料の割引特典付き。
料金：900円　有効期限：1日　販売場所：京浜急行バス鎌倉駅前案内所（JR鎌倉駅東口）、江ノ電鎌倉駅・長谷駅など

各線を合わせてお得に利用
●江の島・鎌倉フリーパス
小田急線・藤沢駅～片瀬江ノ島駅間と江ノ電全線が乗り降り自由。出発駅～藤沢駅間の小田急線の乗車は1往復のみ。相鉄線版や西武線版、東急田園都市線版も販売。
料金：新宿駅から1640円（出発地により異なる）
有効期限：1日　販売場所：小田急線各駅（相鉄線版や西武線版、東急田園都市線版は各線の一部を除く各駅など）

単独でお得に利用
●江ノ電1日乗車券 のりおりくん
江ノ電全線が1日乗り降り自由。観光施設などの割引特典付き。途中下車して江ノ電沿線を巡るならこちらがお得。
料金：800円　有効期限：1日　販売場所：江ノ電各駅の自動券売機やエリア内の主要ホテルなど

●湘南モノレール1日フリーきっぷ
湘南モノレール全線が1日乗り降り自由に。観光施設や飲食店での特典付き。湘南江の島駅～大船間の往復だけでも通常料金よりお得に。
料金：610円　有効期限：1日
販売場所：湘南モノレール各駅

車でのアクセス
マイカーで鎌倉へ、市街地は渋滞に注意

東京東部や千葉方面からは首都高速の狩場JCTまたは並木ICを経由し、横浜横須賀道路に入り、朝比奈ICで下りるのが一般的。鎌倉は車への各種規制も多く、渋滞が起こりやすい。車を駐車場に置き、電車やバスで市内を巡るのが得策。

●問い合わせ先
日本道路交通情報センター（神奈川情報） ・・・・・・・・ ☎050-3369-6614

都心からの車でのアクセス

駐車料金とフリーきっぷの格安セットプラン
パーク&レールライドを活用する

鎌倉市内は狭い道が多く、渋滞も多いので車での移動はおすすめできない。海辺を走る国道134号沿いの駐車場に車を停め、あとは電車やバスで観光するのがよい。駐車料金と江ノ電のフリーきっぷがセットになったプラン・パーク&レールライドでスマートに旅を楽しみたい。

稲村ガ崎パーク&レールライド　**1890円**
料金に含まれるもの
●稲村が崎駐車場駐車料金（6時間分）
●江ノ電全線（鎌倉～藤沢駅間）1日フリーきっぷ2名分
駐車場の営業時間は24時間（チケットの販売は6:50～17:00）。申込は江ノ電稲村ヶ崎駅出札窓口で行う（入庫駐車券が必要）。

他のパーク&ライド駐車場
七里ガ浜パーク&レールライド（七里ヶ浜海岸駐車場）
江の島パーク&レールライド（江ノ電駐車センター）

※7・8月はすべてのパーク&レールライドが休止。
※各駐車場によって、利用時間や料金などサービスが異なる。詳細は鎌倉市や江ノ島電鉄のHPで確認を。
鎌倉市　www.city.kamakura.kanagawa.jp
江ノ島電鉄　www.enoden.co.jp

鎌倉の交通

鎌倉の街は徒歩でも移動できるが、鎌倉駅から長谷や材木座、金沢街道方面などに向かう場合は江ノ電や路線バスが便利。西鎌倉や鎌倉山方面へは大船駅などから湘南モノレールが利用できる。

江ノ電

海沿いを走り、観光地を結ぶ単線電車

鎌倉駅から、長谷駅、江ノ島駅を経由して藤沢駅までを結ぶ全長約10kmのローカル電車。約14分間隔で運行している。相模湾を一望しながら移動することができ、観光には最適な交通手段。沿線には人気の観光地が点在しているので、途中下車の旅を楽しむのもよい。江ノ電がお得に利用できる各種きっぷ（P.153）を活用して賢く巡りたい。

●問い合わせ先

江ノ島電鉄 鉄道部 ……………………… ☎0466-24-2713
江ノ島電鉄 鎌倉駅 ……………………… ☎0467-22-2101

所要時間と運賃

23分	20分	18分	14分	10分	7分	5分	3分	2分	鎌倉
21分	18分	16分	12分	8分	5分	3分	1分	和田塚	200円
20分	17分	15分	11分	7分	4分	2分	由比ヶ浜	200円	200円
18分	15分	13分	9分	5分	2分	長谷	200円	200円	200円
16分	13分	11分	7分	3分	極楽寺	200円	200円	200円	220円
13分	10分	8分	4分	稲村ヶ崎	200円	200円	220円	220円	220円
9分	6分	4分	七里ヶ浜	200円	200円	220円	220円	260円	260円
5分	2分	鎌倉高校前	200円	220円	220円	260円	260円	260円	260円
3分	腰越	200円	220円	220円	260円	260円	260円	260円	260円
江ノ島	200円	200円	220円	220円	260円	260円	260円	260円	260円

レンタサイクル

自分のペースで自由に市内観光を

観光スポットが集中している鎌倉市内を効率よくまわるのにおすすめなのがレンタサイクル。料金は1時間400円～、レンタル時には身分証明書の提示が必要。鎌倉駅から鎌倉宮までは自転車で約12分、建長寺までは約15分。

レンタサイクル鎌倉駅前店
MAP 付録P.8 C-3
☎0467-24-2319 所鎌倉市小町1-1
営8:30～17:00（季節により変動）
休無休 料1時間600円～

GROVE 鎌倉
MAP 付録P.8 C-4
☎0467-23-6667 所鎌倉市由比ガ浜2-1-13 営12:00～19:00（レンタル時は10:00～19:00）休水・木曜（祝日の場合は営業）料1日2500円～

バス路線図

154

路線バス

バスを上手に利用して、目的地へ快適アクセス

JR鎌倉駅からは江ノ電バス、京急バスが発着している。鎌倉市内をほぼ網羅しており観光にも便利。金沢街道方面に向かう鎌23・24系統バスは報国寺や浄妙寺などに行く際に利用したい。6・11月の観光シーズンは交通渋滞に注意が必要。

●問い合わせ先
江ノ電バス・・・☎0466-24-2714／京急バス鎌倉営業所・・・☎0467-23-2553

鎌倉駅前バス乗り場

三菱UFJ銀行🏧　[3]
[2]　[7]　[6]　[4]　東急ストア🅂
横浜銀行🏧　[1]　東口　[5]
大船⬅　横須賀線　鎌倉駅　逗子➡
　　　西口　　　　　江ノ島電鉄　長谷

鎌倉市役所🅿　[1]　※西口乗り場1からは鎌50が運行
　　　　　　　（西口）

鎌倉駅東口バス乗り場と主要系統

乗場	系統	行き先	便数	運行	乗場	系統	行き先	便数	運行
1	F11	藤沢駅	10〜20分ごと	江ノ電	5	鎌20	鎌宮（大塔宮）	20〜25分ごと	京急
1	K1	桔梗山	土・日曜、祝日のみ1日1便	江ノ電	6	鎌2	梶原	1時間1〜2便	京急
2	A21	上大岡駅	1日2〜5便	江ノ電	6	鎌4・鎌5	鎌倉山・諏訪ヶ谷	1時間2〜3便 ※2	京急
2	N2	大船駅	1時間1〜3便	江ノ電	6	鎌6	江ノ島	1日3便	京急
2	K4	本郷台駅	土・日曜、祝日のみ1日1便	江ノ電	6	船7・船8	大船駅	平日早朝のみ4便	京急
3	鎌31	緑ヶ丘入口	15〜30分ごと	京急	6	船9	大船駅	早朝のみ1便	京急
4	鎌23・鎌24	金沢八景駅	10〜30分ごと ※1	京急	7	鎌12	九品寺循環	30分ごと	京急
4	鎌36	ハイランド循環	30分ごと	京急	7	鎌40	逗子・葉山駅	20分ごと	京急

※1：鎌23系統は鎌倉霊園正門前太刀洗止まり。金沢八景駅行き（鎌24系統）は20〜50分ごとの運行
※2：諏訪ヶ谷行き（鎌5系統）は平日2便のみの運行

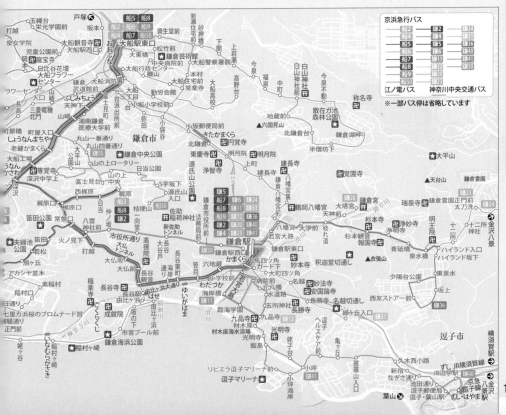

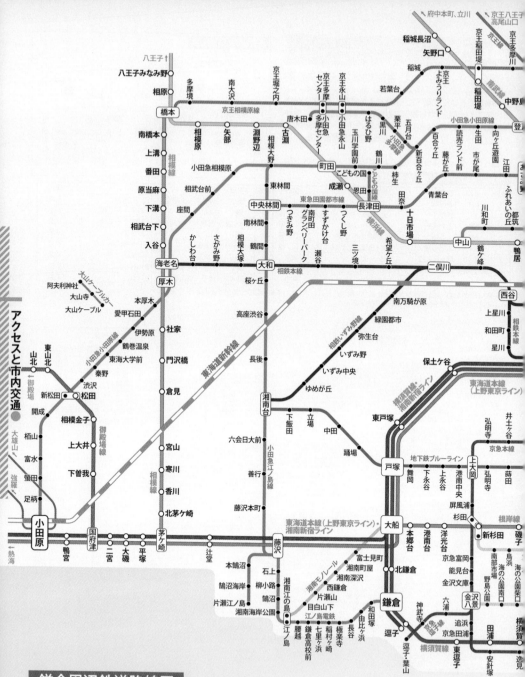

鎌倉周辺鉄道路線図

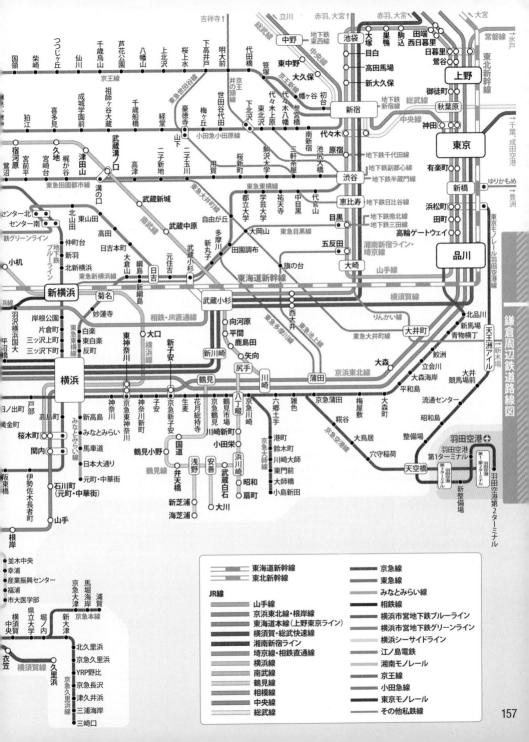

鎌倉周辺鉄道路線図

凡例

━━━	東海道新幹線
━━━	東北新幹線

JR線

━━━	山手線
━━━	京浜東北線・根岸線
━━━	東海道本線（上野東京ライン）
━━━	横須賀・総武快速線
━━━	湘南新宿ライン
━━━	埼京線・相鉄直通線
━━━	横浜線
━━━	南武線
━━━	鶴見線
━━━	相模線
━━━	中央線
━━━	総武線

━━━	京急線
━━━	東急線
━━━	みなとみらい線
━━━	相鉄線
━━━	横浜市営地下鉄ブルーライン
━━━	横浜市営地下鉄グリーンライン
━━━	横浜シーサイドライン
━━━	江ノ島電鉄
━━━	湘南モノレール
━━━	京王線
━━━	小田急線
━━━	東京モノレール
━━━	その他私鉄線

INDEX

STAFF

編集制作 Editors
(株)K&Bパブリッシャーズ

取材・執筆・撮影 Writers & Photographers
森合紀子　忍章子　立岡美佐子　成沢拓司
安田真樹　雪岡直樹　阿部勇司　遠藤優子

執筆協力 Writers
田中美和　伊藤麻衣子

編集協力 Editors
(株)ジェオ

本文・表紙デザイン Cover & Editorial Design
(株)K&Bパブリッシャーズ

表紙写真 Cover Photo
PIXTA

地図制作 Maps
トラベラ・ドットネット(株)
DIG.Factory

写真協力 Photographs
関係各市町村観光課・観光協会
関係諸施設
PIXTA

総合プロデューサー Total Producer
河村季里

TAC出版担当 Producer
君塚太

TAC出版海外版権担当 Copyright Export
野崎博和

エグゼクティヴ・プロデューサー
Executive Producer
猪野樹

おとな旅（たび）プレミアム

鎌倉（かまくら）　第4版

2024年4月6日　初版　第1刷発行

著　　　者　　TAC出版編集部（しゅっぱんへんしゅうぶ）
発　行　者　　多田　敏男
発　行　所　　TAC株式会社　出版事業部
　　　　　　　　　　　　　　（TAC出版）

〒101-8383 東京都千代田区神田三崎町3-2-18
電話　03(5276)9492(営業)
FAX　03(5276)9674
https://shuppan.tac-school.co.jp

印　　　刷　　株式会社　光邦
製　　　本　　東京美術紙工協業組合

本書に掲載した地図の作成に当たっては、国土地理院発行の数値地図(国土基本情報)電子国土基本図(地図情報)、数値地図 (国土基本情報)電子国土基本図(地名情報)及び数値地図(国土基本情報20万)を調整しました。